新媒体·新传播·新运营 系列丛书

U0647178

和秋叶一起学

新媒体运营 （第2版）

李越◎主编

薛宇婷 王智◎副主编

AIGC+慕课版

人民邮电出版社

北京

图书在版编目（CIP）数据

新媒体运营：AIGC+慕课版 / 李越主编. -- 2版.
北京：人民邮电出版社，2025. --（新媒体·新传播·
新运营系列丛书）. -- ISBN 978-7-115-67309-1

Ⅰ．G206.2

中国国家版本馆 CIP 数据核字第 2025XB1949 号

内 容 提 要

随着移动互联网的快速发展，各类新媒体平台不断涌现。由于新媒体具有互动性强、信息传播速度快等特点，企业可以通过新媒体平台以更低的推广成本触达更多的目标用户，所以新媒体平台成了企业首选的营销平台。

本书系统阐述了与新媒体运营相关的知识及企业对新媒体运营人才的技能要求，分别讲解了用户运营、内容运营、活动运营、产品运营及社群运营的方法与技巧，并介绍了通过案例拆解获取新媒体运营经验的主要方法。

另外，AI 的发展极大地推动了新媒体运营的变革，从提高工作效率、优化内容质量、增强用户体验、创新运营模式等多方面为新媒体运营赋能。本书也与时俱进，结合大量的 AIGC 应用技巧来谈新媒体运营。

本书体系完整，讲解透彻，既可以作为高等院校相关专业的教材，也可以供广大新媒体行业研究人员和从业人员学习与参考。

◆ 主　　编　李　越
　　副 主 编　薛宇婷　王　智
　　责任编辑　连震月
　　责任印制　王　郁　彭志环
◆ 人民邮电出版社出版发行　　北京市丰台区成寿寺路 11 号
　　邮编　100164　电子邮件　315@ptpress.com.cn
　　网址　https://www.ptpress.com.cn
　　三河市兴达印务有限公司印刷
◆ 开本：787×1092　1/16
　　印张：12.25　　　　　　　　　2025 年 8 月第 2 版
　　字数：289 千字　　　　　　　2025 年 8 月河北第 1 次印刷

定价：49.80 元

读者服务热线：(010)81055256　印装质量热线：(010)81055316
反盗版热线：(010)81055315

编写背景

党的二十大报告指出："创新是第一动力""创新才能把握时代、引领时代"。随着各大新媒体平台的不断发展，越来越多的企业开始通过新媒体运营实现品牌宣传、产品销售等营销目标。企业间的竞争日益激烈，很多企业开始广泛招聘新媒体运营人才，同时对新媒体运营工作精细化程度的要求也越来越高。

AI 浪潮爆发至今，其在新媒体行业的应用也愈发普遍，运营者如果跟不上 AI 发展的步伐，用不好 AI 工具，将会在工作效率上慢人一步。

运营者要想高效开展精细化的新媒体运营工作，必须不断提升自己的新媒体运营能力及 AI 工具应用能力，能够针对企业的不同运营目标，结合不同新媒体平台的特点，制定并实施差异化的运营策略。

为了更好地满足新媒体相关专业学生和从业人员的学习需求，编者根据新媒体运营经验，结合新的新媒体运营方法及 AIGC 方面的技巧，对之前出版的《新媒体运营（慕课版）》进行了升级改版，希望能够将新媒体运营的新知识和新技能系统地呈现给读者。

本书特色

1. 体系完整

本书内容全面、体系完整，包含新媒体运营的理论知识及实操方法等，可以让零基础的读者全方位了解新媒体运营。

2. 案例丰富

本书不仅有全面的知识点，还有丰富的案例。书中列举了不同行业、不同品牌、不同平台、不同账号的新媒体运营案例，并通过案例分析帮助读者更好地理解知识点，实操性较强。

3. 与时俱进

本书与时俱进，基于主流的新媒体平台，结合 AI 工具及较新的新媒体运营案例，以期跟上新媒体不断发展的步伐。

4. 配套资源丰富

本书配有慕课视频，读者用手机扫描封面的二维码即可观看。另外，本书还提供配套的 PPT 课件、教学大纲、教案、试卷等立体化的教学资源。

本书教学建议

本书适合作为高等院校新媒体相关专业的教材，建议学时为 48～64 学时。教师在教学中可依据本书引导学生进行实战训练，以提升学生的实战能力。

本书由山西财政税务专科学校的李越担任主编，由薛宇婷、王智担任副主编。本书在编写过程中参考了业内学者、从业者的研究成果和经验，得到了拥有丰富实践经验的秋叶团队的指导，编者在此对所有为本书编写提供帮助的人表达衷心的感谢。由于行业的发展及平台的迭代较快，本书内容难免有不足之处，欢迎读者批评指正。

编者

2025 年 7 月

目录 Contents

PART 04

项目四

内容运营   69

PART 05

项目五

活动运营   100

PART 08

项目八

新媒体运营案例拆解　159

PART 01

认识新媒体

【项目导读】

近几年，移动互联网的快速发展使用户获取信息的主要途径发生了变化。越来越多的用户开始通过抖音、小红书、视频号、公众号等新媒体平台获取信息。

与电视、广播等传统媒体相比，新媒体具有信息双向化、互动性更强、内容多元化及传播速度快等特点，再小的个体都有机会通过新媒体向世界传递信息，这给众多企业及个人带来了更多获取收益的机会，也加速了各大新媒体平台的发展。

知识目标

➤ 了解新媒体的基本概念及发展历程。

➤ 认识现阶段不同的新媒体平台。

➤ 弄清企业和个人内容创作者通过新媒体平台变现的方式。

➤ 了解新媒体运营的五大模块。

素养目标

➤ 培养新媒体时代的信息素养与文化自觉性。

➤ 树立平台意识与多元发展观念。

➤ 激发创新思维，探索合法的收益模式，同时注重遵守国家法律法规，确保收益获取的合规性。

➤ 增强新媒体活动的综合策划与执行能力，同时注重活动的社会效益和价值取向。

任务一　了解新媒体及其发展

在某招聘网站上搜索"新媒体运营"，可以看到大量职位信息，如图1-1所示。

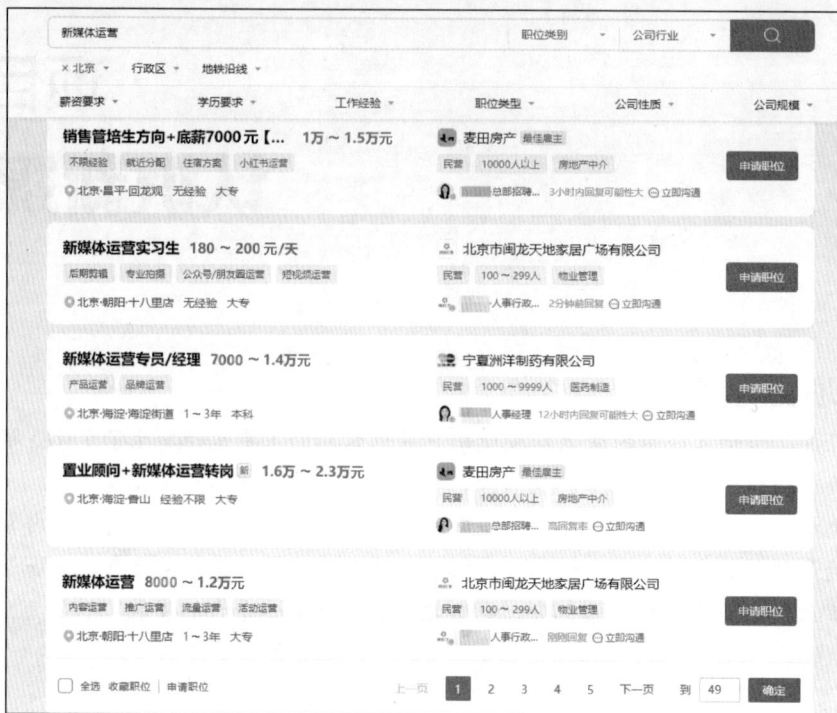

图1-1　某招聘网站的"新媒体运营"职位信息

从图中可以发现，越来越多的企业正借助新媒体平台开展营销工作。这是因为相较于传统媒体，新媒体具有信息双向化、互动性更强、内容多元化及传播速度快等特点，为企业提供了以低成本向用户传递信息的渠道。

运营者只有了解新媒体的概念，明确新媒体与传统媒体的具体区别，才能更好地发挥新媒体的优势，做好运营工作，助力企业扩大影响力和增加收益。

一、新媒体的概念

新媒体是一个相对的概念，这里的"新"是相较于传统媒体的"旧"而言的。在时间轴上，现在的传统媒体若回溯到若干年前，也是新媒体；而现在的新媒体，在若干年后也可能成为传统媒体。

在新媒体出现之前，信息主要通过报纸、电视、期刊、广播等传统媒体进行传递。随着无线通信技术及网络技术的发展，出现了数字电视、短视频、直播等新的媒体形态。

从广义上来说，新媒体不仅指新的媒体形态，还包括一切利用新的技术手段传播信息的载体，如用户熟悉的公众号、微博、抖音、小红书、哔哩哔哩（简称B站）等。

所以，严格来讲，新媒体应被视为数字化时代到来后出现的各种媒体形态。例如，电视属于传统媒体，但经过数字化改造的数字电视，又可以被看作新媒体的一种。又如，传统报纸转型为手机新闻客户端后，同样属于新媒体的一种。

新媒体运营是指企业通过新媒体平台向用户传递信息，对产品进行宣传及推广的运营手段。新媒体运营的目的是帮助企业以较低的成本获得在新媒体平台向用户传递信息的机会，最终获取收益。

> **课堂思考**
>
> 传统媒体会随着新媒体的发展而没落甚至彻底消失吗？为什么？

二、新媒体的特点

在传统媒体作为传播主体的时代，企业通过在报纸、电视上刊登广告的方式向用户宣传和销售产品。在新媒体迅速发展的当下，企业向用户传递信息的成本、效率及方式都发生了改变。新媒体与传统媒体的区别主要体现在以下4个方面。

1. 信息双向化

过去，传统媒体进行信息的单向传播，信息通过电视、报纸、杂志等传播出去后，信息发布者较难及时收到用户的反馈。但在新媒体时代，用户既是信息的接收者，也可以成为信息的传播者。在大多数新媒体平台，普通用户也可以随时分享自己身边的"新闻"。这意味着，企业和用户之间的信息传播变得更加透明，用户的一个差评会被很多人看到，企业的品牌宣传需要更加注重口碑，必须根据用户反馈及时做出调整。

2. 互动性更强

新媒体具有更强的互动性。新媒体平台上的用户可以通过点赞、评论等方式与内容发布者进行互动。一些新媒体平台收集并分析用户对不同内容的反馈，如停留时长、点赞情况、评论情况等，以此判断用户的内容偏好，便于向用户推送其可能感兴趣的内容。

相较于传统媒体，新媒体更强的互动性可以帮助企业找到更精准的目标用户，投放更有针对性的广告，并且企业可以根据用户的反馈判断所推送信息的质量，及时调整推广策略等。

3. 内容多元化

由于在新媒体平台发布内容的门槛很低，很多用户都乐于参与内容的创作及传播，内容的来源不再局限于传统媒体。内容创作者的增加使新媒体平台上的内容更加多元化。

在新媒体平台，用户可以通过不同类型的内容满足自己娱乐、学习、了解资讯等多方面的需求。与此同时，新媒体也给很多普通个人用户带来了变现的机会。用户可以通过新媒体发布信息，吸引其他用户观看，从而实现新媒体账号的"涨粉"，再通过接广告、电商带货等方式获取收益。

4. 传播速度快

以前，报刊媒体想刊登一则新闻，往往需要经过编辑、排版、印刷、发行等多个环节，从新闻事件的发生到用户阅读相关报道，可能需要数小时。即使是传播速度相对较快的电视媒体，其播出的大部分内容也是事先编辑过的，实况直播的内容较为少见。

由于移动互联网的出现及技术手段的革新，信息在新媒体平台可以获得更快的传播。这为企业带来了更多便利。例如，企业在销售产品时可以通过直播的形式，实时向用户介绍产品，方便用户更快速、直观地了解产品，促进产品的销售。

三、新媒体的发展历程

新媒体并非在某个阶段突然诞生，而是经过了20多年的发展与演变，才呈现出如今的模样。

新媒体的发展可以分为4个阶段，每个阶段都有其主流新媒体平台。

1. 第一阶段：门户时代

代表性平台：搜狐、新浪、网易、腾讯。

这一阶段的特点如下。

① 在这一阶段，用户阅读的内容与传统媒体时代相比并没有发生非常大的变化，变化的主要是信息的载体。用户从通过电视、报纸等传统媒体获取信息，转变为通过门户网站等新媒体平台获取信息。

② 在门户时代，用户接触互联网的时间不长，还不具备很强的主动性，所以延续了传统媒体时代的阅读习惯，以被动阅读门户网站上的内容为主；并且内容创作者也没有发生本质上的变化，多数是传统媒体时代的专业记者和编辑。

2. 第二阶段：搜索时代

代表性平台：百度、谷歌、搜狗。

这一阶段的特点如下。

① 在经历一段时间对互联网的深入使用及探索后，用户的需求发生了转变，从被动接收信息转变为主动搜索想了解的信息。

② 用户查找指定信息的速度变得更快，用户通过搜索引擎可以非常方便、迅捷地查找到想要了解的信息，这也使得用户可获取的信息量增加了很多。

3. 第三阶段：分享时代

代表性平台：百家号、今日头条、大鱼号。

这一阶段的特点如下。

① 越来越多的用户通过在新媒体平台创作优质内容获得了收益，自媒体成为主流的趋势愈发明显。

② 由于大量用户的参与，新媒体平台上的内容变得更加丰富多样，涵盖了各个领域和各种话题。

③ 算法和推荐系统的应用使得用户能够更方便地接触到符合自己兴趣和需求的内容，促进了内容的个性化推送。

4. 第四阶段：社交时代

代表性平台：微信、微博、抖音、小红书。

这一阶段的特点如下。

① 用户通过新媒体平台不仅能够获取信息，还能进行社交。用户通过评论、转发、私

信等方式与其他用户进行交流与互动，使得信息的传递更快捷，信息的交互更频繁。

② 信息的呈现形式更加丰富，短视频、直播、图文等内容形式并存，与网红、达人合作成为企业营销的常态。

③ "社交电商"这一概念因社交时代的到来而产生。在小红书等社交电商平台上，用户更容易被其他用户发布的真实产品测评打动，从而产生购买行为。

四、AI 时代的新媒体

AI 的英文全称是 Artificial Intelligence，即人工智能，其概念最早出现在 20 世纪 50 年代，其起源可追溯到对计算机模拟人类思考的研究。随着计算机硬件的不断升级和算法的改进，AI 技术得到了快速的发展，在机器人领域、人机交互领域、金融领域、医疗领域等都有一定的应用。

2023 年前后，多种 AI 工具相继推出，包括 ChatGPT、文心一言、DeepSeek、Midjourney、讯飞星火等。用户通过文本输入提出指令要求，AI 工具产出答案或生成内容。

AI 与新媒体的关系体现在以下两个方面。

1. 新媒体平台引入 AI 功能

AI 功能的强大使很多新媒体平台都开始引入 AI 功能，以吸引用户。例如，抖音有很多 AI 相关模板供用户使用；此外，抖音旗下的剪映也具备 AI 功能，能生成短视频脚本，甚至直接生成短视频，如图 1-2 所示。

图 1-2　抖音和剪映的 AI 功能

2. AI 生成新媒体内容

用户可以使用 AI 工具生成朋友圈文案、短视频脚本、小红书笔记、公众号文章等，这些功能可以直接减轻运营者的内容创作压力。

总体而言，AI 与新媒体的融合不仅为新媒体平台增添了创新功能，吸引了更多用户的关注和参与，同时也为运营者提供了新的内容创作工具和思路。然而，这也意味着运营者需要不断学习和适应新的技术，以便在 AI 的辅助下，创作出更高质量、更具吸引力的内容，满足用户日益多样化的需求。

> **课堂互动**
>
> 你用过 AI 工具吗？如果用过，你用的是哪个？分享一下你的使用体验。

任务总结

从门户时代到搜索时代，再到分享时代、社交时代，新媒体的形态和功能发生了显著变化。如今，在 AI 技术的推动下，新媒体更是迎来了前所未有的发展机遇，而这也对运营者提出了更高的要求。

任务二　了解不同的新媒体平台

第 55 次《中国互联网络发展状况统计报告》显示，截至 2024 年年底，我国网民规模已达到 11.08 亿人，互联网普及率达 78.6%。

庞大的用户群体意味着广阔的市场，这催生了多种不同类型的新媒体平台，以满足不同用户群体的多样化需求。新媒体平台有很多种，每一类型中都会出现用户数量最多或增长最快的新媒体平台，它们也就成为了主要的新媒体平台。

一、主要的新媒体平台

新媒体平台有很多种，小到小程序和 App，大到门户网站，分类方式也有很多。企业开展新媒体运营，一般以内容平台为主。新媒体平台可以按照内容形式分为图文平台、短视频平台、直播平台，以及其他平台。

1. 图文平台

这里的图文平台是指以发布图文为主要功能的新媒体平台，典型的图文平台有公众号、微博、小红书、豆瓣、知乎、今日头条等。虽然这些平台现如今都具备了发布短视频乃至开展直播的功能，但发布图文仍是其主要功能。

- 公众号

公众号的内容以长文章为主，对比其他平台内容碎片化、篇幅短的特点，公众号文章更能实现信息的深度传递和有效触达。

公众号一般分为订阅号和服务号两类。其中订阅号更侧重于给用户传达资讯，可以每天推送一次公众号文章；而服务号更侧重于服务功能交互，每周仅有一次文章推送机会，一般更适合政务机构、企业和一些线下品牌店铺。

现如今，利用公众号开展营销已经是企业和品牌的营销"基础配置"了。一方面，企业可以借助公众号内容吸引潜在用户，塑造专业"人设"，逐渐提升知名度和影响力；另一方面，微信生态内的诸多产品，如小程序、视频号、朋友圈等，以及社群，都已经和公众号打通，功能相互关联，能帮助企业实现全方位营销。

- 微博

微博是一种基于用户关系分享、传播及获取简短实时信息的广播式社交媒体。虽然微博在 2016 年放宽了字数限制，用户可以发布长文，但微博仍主要输出短小精悍的内容。

微博具有流量基数大、互动性强、泛娱乐化、热搜功能强大、聚焦性强等特点。

企业需要运营好自己的微博账号，将其用于日常宣传和与用户互动。在此基础上，在新品上市或营销活动等节点时期，邀请流量艺人或者"大 V"嘉宾开展短视频营销或直播营销，借由微博热搜提高话题热度，从而造势，这是一种可行的思路。

- 小红书

小红书是一款生活分享类 App，创立于 2013 年。它以用户发布笔记、分享好物为特色，同时存在图文和短视频两种内容形式。图 1-3 所示为小红书"发现"界面。

图 1-3　小红书"发现"界面

千瓜数据发布的相关数据显示，小红书的活跃用户主要集中在一线城市，以年轻女性为主，其中职场女性是主要用户群体。这些用户具有较强的消费能力，并且有相应的消费需求，追求高品质的生活。

因此，在女性经济①背景下，小红书成为美妆、服饰等时尚品类品牌获取年轻女性用户关注的"必争之地"。

_____

① 女性经济：也称为"她经济"，基于女性消费形成的特有的经济圈和经济现象。

2. 短视频平台

短视频是一种新的信息传播方式，目前主要的短视频平台有抖音、快手、B 站、视频号等。

- 抖音

在上线初期，抖音的标签是潮、酷、时尚，这奠定了抖音年轻、时尚的风格，让抖音吸引了大量一、二线城市的年轻人。音乐、舞蹈、搞笑"段子"等泛娱乐化的内容在抖音上比较受欢迎，这促使创作者在创作短视频时向轻松、娱乐的方向靠拢。

现如今，抖音在短视频带货和直播带货方面有着出色表现，这也使得很多企业纷纷布局抖音直播。对于企业来说，无论是自行带货还是和达人主播开展合作，抖音庞大的流量都能为其带来新的营销机遇和用户。

- 快手

在短视频阵营中，抖音目前处于领先地位，而紧随其后的是快手。快手无论是在用户量还是在营销潜力方面，都不容小觑。

快手坚持"拥抱每一种生活"的理念，所以快手的内容生态相对丰富。快手上有大量在乡村田间的"新农人"，有"老铁"喜欢的"草根网红"，还有一腔热血的返乡创业大学生。总之，在快手上，形形色色的创作者造就了丰富的内容生态。

- B 站

B 站是年轻一代高度聚集的文化社区和视频平台，创立于 2009 年。在早期，B 站以提供与动画、漫画、游戏（Anime、Comics、Games，即 ACG）相关的垂直内容为主。

相关数据显示，B 站的用户群体中，Z 世代[①]用户较多，他们是成长在互联网时代的一代人。

B 站引领了弹幕[②]的社交潮流。在 B 站上，UP 主有着强大的号召力，在长视频、长音频赛道上，B 站的月均使用人数及月均使用时长都位居前列。

- 视频号

视频号即微信视频号。与其他短视频平台不同，视频号并没有单独的 App 供用户下载，而是直接内嵌于微信，用户在微信就可以"刷"视频，与"刷"朋友圈一样。

视频号入口直接显示在朋友圈入口的下方。朋友圈作为用户使用微信时点开频率最高的界面之一，其入口处就是一个非常庞大的流量聚集地。

除此之外，视频号的视频在微信生态内可以畅通无阻地被用户分享。无论是在朋友圈、公众号还是微信社群等场景，用户分享视频号的视频都没有限制。

3. 直播平台

现如今，专门以直播为主要功能的平台不多，多是短视频平台或者电商平台附带直播功能，以服务电商为目的，如抖音直播、视频号直播、淘宝直播等。

对比图文平台和短视频平台，直播平台具有高度的实时性和互动性，能够迅速吸引用户的关注和参与。通过直播，企业和个人可以直接与用户进行实时互动，增强用户的参与感和购买欲望。同时，直播还可以拓展线上销售渠道，促进产品和服务的推广和销售。

---

① Z世代：网络用语，指 1995—2009 年出生的人。
② 弹幕：用户在网上观看视频时发出的评论性字幕。

4. 其他平台

其他新媒体平台还有很多，如门户网站平台（腾讯、网易）、移动客户端平台（美团、网易云音乐）、搜索引擎平台（百度、搜狗）、长视频平台（爱奇艺、优酷）、音频平台（喜马拉雅、荔枝、蜻蜓 FM）……这些平台有固定的用户群体和较大的流量，适合企业作为广告投放平台。

课堂互动

你最喜欢的新媒体平台是哪一个？为什么？

二、平台画像：全方位了解一个平台

通过为目标平台绘制画像，运营者可以全方位地了解一个新媒体平台，从而更好地开展新媒体运营工作。一份完整的平台画像通常包含以下 4 项内容。

1. 平台用户情况

运营者首先需要分析平台用户的特征，必要时可以为其绘制用户画像，了解平台用户是否与企业的目标用户相匹配。用户画像一般包括用户的性别、所在区域、年龄、身份、爱好等诸多属性和元素。

另外，运营者也可以关注平台的注册用户数量及活跃用户数量。一般而言，在企业目标用户与平台用户匹配的情况下，平台的活跃用户越多，企业在该平台开展的营销推广工作就越可能取得好的效果。

不过，在一些活跃用户多的平台，企业可能也会面临更加激烈的竞争。运营者可以分析同行在该平台上的账号运营情况，结合企业自身的内容输出能力、运营能力及投入预算等因素，分析企业在该平台是否具备竞争力，最终选定入驻的平台。

2. 平台定位及规则

每个新媒体平台都有各自的定位及规则，这两者决定了平台鼓励什么样的内容及行为，以及什么样的行为会受到平台的限制。

• 平台定位

运营者可以通过平台的定位判断出平台对内容类型及内容形式的偏好。例如，抖音是目前影响力较大的短视频平台之一，它有一句经典的口号"记录美好生活"。通过这一信息，运营者可以初步推断出抖音可能比较鼓励普通用户创作和发表原创短视频内容，记录生活中的美好时刻。

运营者还可以通过关注平台的发展规划、管理政策、流量分发机制等信息，进一步推断出平台更详细的内容偏好。

• 平台规则

每个平台都对其禁止的行为做了明确的说明，用户违反平台规则可能会受到平台的处罚。运营者需要详细了解平台规则，避免产生违规行为。一般可以在平台的社区公约中查看平台规则，图 1-4 所示为抖音倡导的行为。

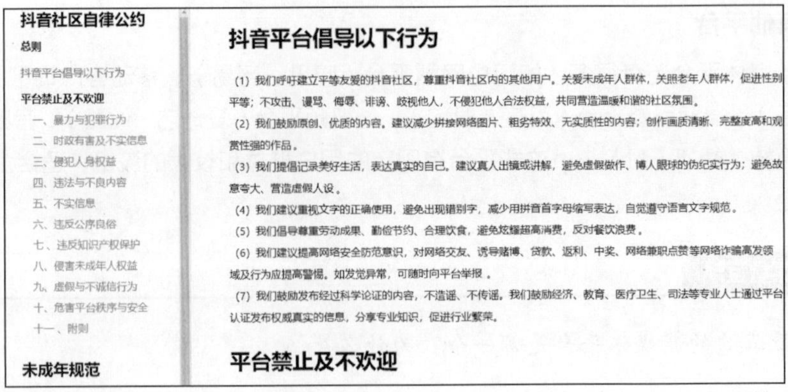

图 1-4　抖音倡导的行为

3．平台发展规划

新媒体平台可能会不定期对平台规则、平台政策及平台的发展方向做出调整，这可能会给部分账号带来影响。

例如，抖音在 2024 年 4 月公布过这样一条规则：2024 年 4 月 16 日起，个人号开通视频/图文的商品推广功能的粉丝量相关要求从"粉丝量＞1 000 名"调整为"有效粉丝量＞500 名"。这意味着，个人创作者进行商品推广的门槛变低，平台在为个人创作者带货提供机会。其中，有效粉丝是指创作者通过持续发布符合平台要求的优质内容吸引的真实粉丝。可以看出，平台鼓励个人创作者靠优质内容"吸粉"，而非弄虚作假"刷粉"。

4．内容分发机制

内容分发机制是指在创作者发布内容后，新媒体平台决定给内容分配多少流量的规则或方式。内容分发机制决定了具备哪些特点的内容更容易在平台获得流量。运营者只有了解了平台的内容分发机制，才能相应地进行内容的调整及优化。

例如，抖音的内容分发机制体现为一套复杂的个性化推荐系统，它通过双重审核机制确保内容合规，通过初始流量分发和效果量化评估决定内容的曝光率，同时考虑用户兴趣标签与内容匹配等因素，实现个性化推荐。视频号的内容分发机制结合了社交推荐和个性化算法推荐。社交关系链在视频号的推荐逻辑中非常重要，例如好友发布和点赞的内容会被优先推荐给用户。

不过，平台官方通常并不会给出关于内容分发机制的明确说明和规定，创作者需自己观察和测试。

> **课后实践**
>
> 搜索资料，尝试构建小红书的用户画像。

三、解锁 AI 工具，辅助新媒体运营

现如今，AI 工具有很多，功能也愈发丰富，下面简单介绍一些能辅助新媒体运营的 AI 工具。

1. ChatGPT

ChatGPT 的发布是近年来 AI 领域取得的一项重要突破，其最早于 2022 年 11 月由 OpenAI 推出，并持续迭代与升级。可以说，正是 ChatGPT 的惊艳表现，掀起了 AI 热潮。ChatGPT 的图标如图 1-5 所示。

图 1-5　ChatGPT 的图标

基本特点：功能全面，可以生成文字、编写代码，还能基于文本描述辅助构思与创意生成；语言知识和对话背景丰富，支持多种语言提问；生成能力强，理解能力强，互动和对话能力强。

2. 文心一言

文心一言是百度基于文心大模型技术开发的生成式对话产品，其具备跨模态、跨语言的深度语义理解与生成能力，是一款 AI 聊天机器人。与 ChatGPT 功能类似，文心一言同样能够与人对话、回答问题、生成文章，高效便捷地帮助用户获取信息、知识和灵感。

除了生成文字，文心一言还可生成图像、表格等更多形式的内容。在多个领域，文心一言都展现出了强大的应用潜力，综合性较强。文心一言的图标如图 1-6 所示。

图 1-6　文心一言的图标

基本特点：综合能力较强，支持生成图片、表格、代码等多种类型的内容；插件功能丰富，延伸功能完备；内置各种场景和职业的参考提示词，使用方便。

3. 其他 AI 工具

除 ChatGPT、文心一言之外，还有许多各具特色的 AI 工具可供选择，如表 1-1 所示。

表 1-1　其他 AI 工具

名称	功能简介
通义	基于云计算和大数据技术的智能问答系统，能够快速响应用户的查询，并提供准确、相关的答案，具备文档和图片解析功能
讯飞星火	科大讯飞开发的 AI 大模型，有着丰富的插件和 AI 助手应用
智谱清言	基于国内自主研发的中英双语对话模型 GLM-4，以通用对话的形式为用户提供智能化服务，还具备免费画图、长文档解读、数据分析、联网等功能
豆包	由字节跳动基于云雀模型开发的 AI 工具，支持语音转文字输入和多种音色的自然语音输出，同时允许用户定制个性化的 AI 智能体
天工 AI	由昆仑万维精心打造的 AI 助手，擅长多语言交流、知识查询，场景细分明确，功能丰富，综合性强
Kimi	支持超长文本的无损上下文处理，能够准确理解和回答复杂问题；提供智能搜索、文件处理、代码生成、创意写作和数据分析等多种实用功能
Copilot	集成于 Microsoft 365 应用，如 Word、Excel 等中，提供实时写作和编程建议，可利用 GPT 系列模型的自然语言处理能力，理解用户意图并生成相应内容

4. 基础操作

AI 工具的操作和使用并不复杂，从理论上来说，只需要注册账号，学会提问即可。下面将以文心一言为例，来演示其基础操作。

① 注册与登录

在 PC 端的浏览器中搜索"文心一言"，搜索结果页面如图 1-7 所示，单击"体验文心一言"。

图 1-7 "文心一言"搜索结果页面

② 输入指令

注册账号并登录成功后，在首页的底部对话框（见图 1-8）中，随意输入文字指令（即提示词），发送指令后就可以开始和文心一言对话了。

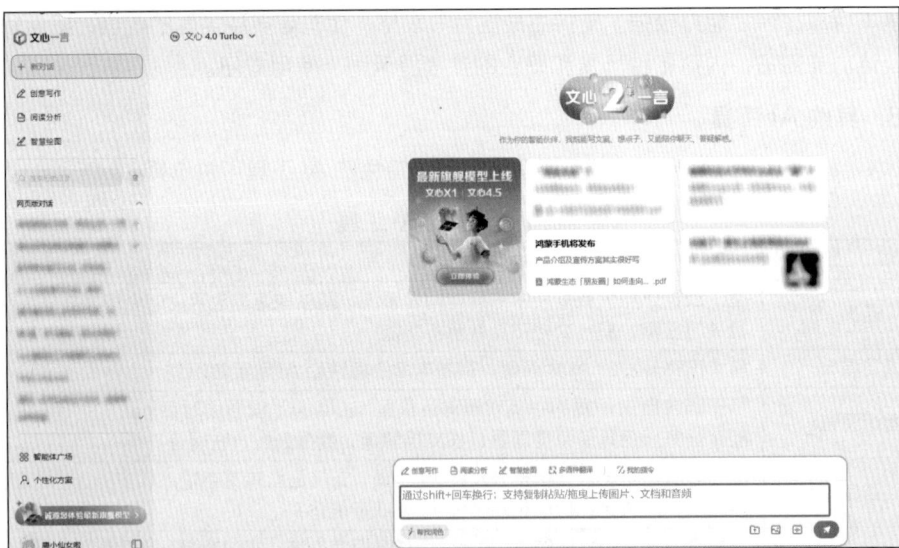

图 1-8 文心一言对话框

例如，在文心一言对话框中输入"帮我制订一份健身计划"，然后单击发送按钮，可以看到文心一言正在生成健身计划。目前，文心一言的免费版本最多支持一次性输入 2000 字，输出 1600 字。

再如，输入指令"帮我生成一张图片，图片内容为'轻舟已过万重山'"，即可得到图 1-9 所示的图片。

图 1-9 文心一言生成的图片

此外，单击左侧导航栏中的【我的智能体】，可以看到更多功能，部分功能如下。

- 阅读助手——可以上传文档到文心一言，让 AI 进行解读或总结。
- E 言易图——可以生成各类图表，如条形图、饼状图等。
- 文心快码——智能代码助手，可以生成代码。
- PPT 助手——可以直接生成 PPT。

课后实践

尝试用 AI 生成一首包含你名字的藏头诗，并将其分享给同学们，比较其与其他同学的藏头诗的差别。

任务总结

在这个日新月异的时代，掌握新媒体平台的特性与趋势，并结合 AI 的力量开展新媒体运营，是运营者必备的技能与思维。平台是舞台，内容是灵魂，而 AI 则是提高内容产出效率的工具。唯有不断学习、勇于探索，运营者才能在新媒体的浪潮中书写出最绚烂的篇章。

任务三　不同主体在新媒体平台的变现方式

大多数企业和个人在新媒体平台上积极运营账号、持续输出内容，基本上都是为了实现变现。这种变现方式可能是直接的，例如电商带货、软文"种草"等；也可能是间接的，例如打造个人品牌、为后端产品引流、输出品牌文化、讲述品牌故事等。

不同的主体适合采取的变现方式不同。下面主要分析企业、个人内容创作者、MCN 机构在新媒体平台的变现方式。

一、企业：品牌宣传及产品销售

企业可以借助新媒体平台开展品牌及产品的宣传工作，提升品牌知名度与影响力，进而带动产品在线下门店的销售，也可以直接在新媒体平台上销售产品。

　　例如，2017 年成立的美妆品牌完美日记，通过在各大新媒体平台开展精准营销，迅速在年轻女性用户群体中扩大了知名度。之后，完美日记在淘宝等电商平台开设店铺销售产品，同时布局线下，在全国多个城市开设了实体店铺。自成立后不到 4 年的时间，完美日记就成为我国具有影响力的美妆品牌之一。

　　完美日记获得如此快速的发展，主要得益于其有效的新媒体营销推广。企业在新媒体平台进行营销推广，可以获得以下 3 个优势。

1. 用户群体更精准

　　传统媒体单向地向用户输出信息，较难及时了解用户的阅读情况及反馈意见，所以一般难以精准地细分用户群体，也很难做到有针对性地向某一类细分用户投放广告。

　　但在新媒体平台，企业可以通过多种方式找到目标用户。例如，借助新媒体平台对用户行为的分析结果，企业可以在平台后台轻松筛选出目标用户群体；另外，企业也可以在各大新媒体平台上找到一些被目标用户关注和喜爱的达人账号，并通过付费等方式在这些账号上发布企业品牌及产品的相关内容，推送给目标用户观看。

　　在抖音、小红书等新媒体平台搜索关键词"完美日记"，就可以看到很多美妆博主发布的完美日记产品测评、开箱、宣传的相关内容，如图 1-10 所示。

图 1-10　美妆博主在新媒体平台上发布的完美日记相关内容

2. 内容多元化

　　相较于生硬的广告，用户一般更愿意观看带有娱乐性质或科普性质的内容。企业可以在新媒体平台注册账号，或者与相关领域的内容创作者合作，创作和发布一些软文，以吸引用户。

　　完美日记在进行产品宣传时，就联合很多美妆达人发布了很多美妆教程及产品测评等类型的软文，包括小红书笔记和抖音短视频，用户对这类内容的接受度更高。

3. 多平台大量推广

　　青眼数据显示，完美日记所属公司逸仙电商 2023 年的线上营销费用在全年营收中的占比超过 65%。仅从 2019 年到 2021 年，其线上营销费用就从 12.5 亿元上涨至 40.1 亿元，可见其对新媒体营销的重视。

完美日记通过有效的营销策略在市场上稳固了地位，从推动在小红书、抖音、快手等平台上的病毒式传播，到打通淘宝、天猫、拼多多的销售渠道，并结合线下门店开设和社群营销手段，完美日记依靠高额投入持续实现了收入的高速增长。

完美日记高频率、多元化的内容输出让用户频繁看到其品牌及产品的相关信息，从而快速建立起对品牌的认知。

二、个人内容创作者：广告植入、电商带货

在新媒体平台，每个用户都可以发布和传播信息。个人内容创作者通过在新媒体平台输出优质内容，获得其他用户的关注，当拥有一定数量的粉丝后，便有了获取收益的机会。目前，广告植入及电商带货是个人内容创作者在新媒体平台的主要变现方式。

1. 广告植入

广告植入是指个人内容创作者与有品牌或产品宣传需求的企业合作，在其发布的内容中植入广告信息并向企业收取一定推广费用的推广方式。推广费用的高低一般与多个因素有关，如个人内容创作者的粉丝数量、粉丝的精准度、所处行业及广告内容的制作难度等。

通过这种合作方式，企业可以利用这些个人内容创作者的影响力，让产品被更多用户熟知和认可，这也为个人内容创作者提供了良好的变现机会。一些新媒体平台为了鼓励个人内容创作者创作更多优质内容，也会为企业和个人内容创作者的合作提供便利。

例如，巨量星图是抖音为优质个人内容创作者及有广告投放需求的企业打造的一站式服务平台。个人内容创作者可以入驻巨量星图并发布合作报价，企业则可以在巨量星图挑选合适的个人内容创作者进行广告投放。巨量星图主页如图 1-11 所示。

图 1-11　巨量星图主页

2. 电商带货

个人内容创作者也可以通过电商带货的方式获取收益。例如，在短视频中宣传产品，并设置购物车，吸引用户购买；或者直接通过直播带货销售产品，这样个人内容创作者就能获得一定的收益，其收益与带货数量、产品佣金比例等相关。

目前，越来越多的新媒体平台都开始支持个人内容创作者在平台内进行电商带货。例如，知乎推出了好物推荐功能，个人内容创作者在达到一定条件后可以开通该项功能，之后就能够在回答、文章、视频、直播、橱窗中插入产品卡片，向知乎的其他用户分享购物经验、推荐产品，从而赚取佣金。知乎的好物推荐功能如图1-12所示。

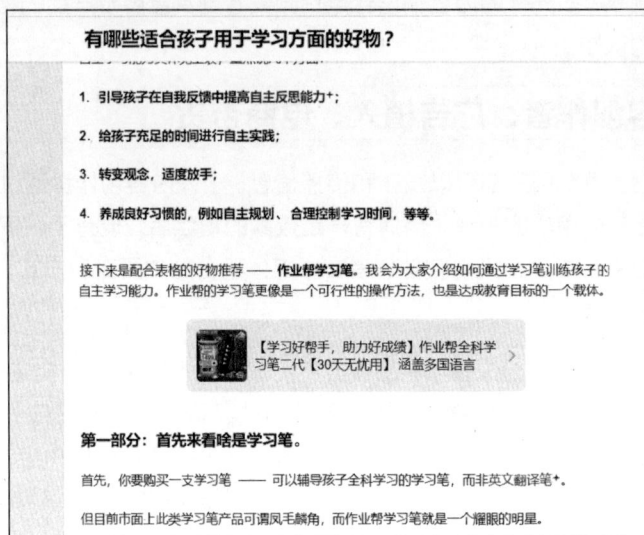

图1-12　知乎的好物推荐功能

课后实践

找一篇较为出色的软文（短视频、图文笔记均可），并分析其哪里做得好。

三、MCN机构：实现商业的稳定变现

MCN的英文全称是Multi-Channel Network，可以直译为多频道网络。它是一种基于多频道网络的产品形态，也是一种新的"网红经济"运作模式。MCN机构会和一些有潜力的个人内容创作者签约，并对其进行包装和培养，为他们提供内容制作、运营、推广等一系列服务，并最终实现商业变现。

MCN机构的出现主要是由于新媒体的快速发展促使优质内容不断涌现，同时用户对内容的要求也在不断提升。没有团队支持的内容创作者凭借个人力量较难稳定产出高质量的内容。并且，想在新媒体平台具备竞争力，吸引大量粉丝关注，个人内容创作者除了需要具备内容创作能力，还需要具备平台运营能力、项目管理能力等多项综合能力。而MCN机构具备专业的运营团队，能够承担更为专业的运营工作。

例如，秋叶旗下的阳米科技是一个短视频MCN机构，在抖音孵化了多个粉丝量达百万级别的办公类账号，如图1-13所示。

这些账号发布的视频制作精良，且更新频率稳定，所以与多数由个人运营的同类账号相比更具优势。当账号有了一定数量的粉丝，后续需要进行商业变现时，MCN机构在供应链

选品、与合作商洽谈等环节也更为专业，更容易帮助账号实现稳定的商业变现。

图 1-13　阳米科技在抖音孵化的办公类账号

四、其他变现方式

1. 内容付费

内容付费是指内容创作者或新媒体平台向用户提供文字、音频、视频等形式的内容，用户需要支付一定费用才能观看相应内容。随着版权意识的逐渐增强，越来越多的用户愿意为优质内容付费。

用户对需要付费才能观看的内容会有更高的质量要求。早期，用户主要是为通过了相关机构审核、已在市面上发行的影视剧、图书、音乐作品等优质内容付费；之后，随着新媒体的发展，一些在不同领域有一定影响力的关键意见领袖（Key Opinion Leader，KOL[①]）开始在各大新媒体平台发布需要付费观看的内容。用户基于对 KOL 的信任，也开始愿意为这些内容付费。

例如，经济学者薛兆丰在知识付费型 App 得到上发布了音频类内容"薛兆丰的经济学课"，用户需要支付 399 元才能收听全部内容。截至 2024 年 9 月，已经有 62 万余名用户付费学习了这门课程，如图 1-14 所示。

现在，一些新媒体平台也会为普通用户提供通过内容付费获取收益的机会。例如，公众号上某些符合特定要求的运营者可以开通内容付费阅读功能，将文章设置为付费后才可阅读全文；在 B 站上，用户需要充值会员或者专门付费才能观看某些视频；在知乎上，"知乎盐选"专栏的内容都是需要付费才能观看的；在抖音上，用户想要观看某些短剧的全部内容，一般也需要付费。

---

① KOL：某行业或领域内具有影响力和专业知识的人士。

新媒体运营（AIGC+慕课版）（第2版）

图 1-14　得到上的课程示例

2. 平台奖励

新媒体平台作为信息的载体，需要通过优质的内容为用户提供价值。因此，很多新媒体平台，特别是内容型的新媒体平台，都希望创作者在平台上多发布优质内容。有的平台会推出一些奖励政策，对在平台发布优质内容的创作者给予一定的现金奖励。例如，抖音上经常会有官方以及品牌方推出的投稿活动，吸引创作者参与。2024 年 9 月，某品牌方在抖音推出"××到店测评"话题活动，如图 1-15 所示。创作者按照要求完成视频发布并参与话题活动，就有机会获得现金奖励。

图 1-15　抖音上的品牌活动

如何在抖音上找到奖励活动入口呢？

点击"我"—"右上角3条横杠"—"抖音创作者中心"—"全部"—"星图商单"，就可以看到多种活动任务，如图1-16所示。

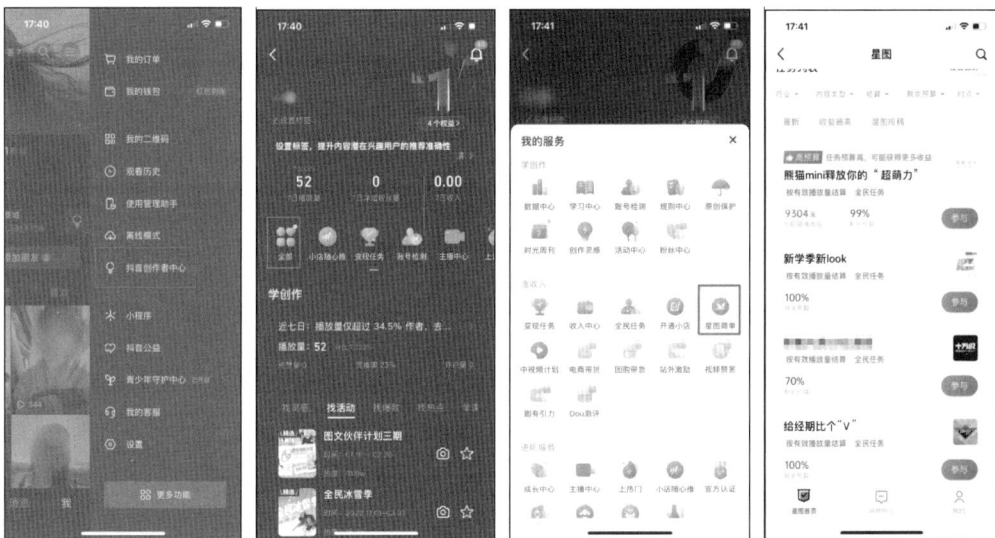

图1-16　抖音上的奖励活动入口

内容创作者获取平台奖励的门槛不算高，不需要在平台上有大量粉丝，只要能坚持稳定地输出优质内容，就有机会获得平台奖励。

此外，为了增强内容的可看性、提升用户的活跃度，一些新媒体平台会根据自身的定位及当下的热点对平台上的内容进行布局，调整不同类型内容在平台上的比例。因此，有的平台会推出一些主题创作活动，内容创作者按照活动要求发布内容后，除了能获得现金奖励，还有机会获得平台的流量奖励，这可能会对账号"涨粉"有所帮助。

3. 私域流量变现

私域流量是一个相对于公域流量而存在的概念。

虽然抖音、小红书、微博等新媒体平台上的用户量很庞大，但通常情况下运营者无法在任意时间、以任意频次触达平台上的用户。例如，在小红书，运营者给自己的粉丝大批量发送私信时就会受到平台的管制，平台对运营者发送私信的频次、发送对象的数量及私信的内容都有限制。这些平台上的用户属于公域流量。

与之相反，运营者可以在任意时间、以任意频次触达的用户就是私域流量。例如，被添加到个人微信号、企业微信号上的用户就是运营者的私域流量，运营者可以在限制相对较少的情况下触达他们。一些运营者会把公域流量池中的用户引流到自己的私域流量池中，再在私域流量池中完成变现。

课后讨论

你觉得公众号上的流量是公域流量还是私域流量？为什么？

弄清不同主体的变现方式，有助于运营者从一开始就明确内容定位和变现思路。

任务四　新媒体运营的五大模块

企业要想通过新媒体实现变现，离不开持续有效的新媒体运营。新媒体运营可以细分为用户运营、内容运营、活动运营、产品运营、社群运营五大模块，这5个模块在新媒体运营过程中发挥着不同的作用。

一、用户运营

用户运营是一个比较宽泛的概念，一切以用户为中心开展的工作都属于用户运营的范畴。

在新媒体运营中，很多工作是围绕用户展开的，如产品开发、内容生产、活动设计、社群运营等。甚至很多运营工作的最终成效都是以用户数量增长率、用户转化率等与用户相关的指标来衡量的。

用户运营的工作主要从4个方面展开：拉新、促活、留存和转化。

- 拉新——拉到更多新用户，实现用户数量的增长。
- 促活——提升用户的活跃度，保持一定的用户黏性。
- 留存——让用户愿意留下来，提升其对品牌或产品的信任度和忠诚度。
- 转化——让用户愿意购买产品，将用户转变为客户。

因此，运营者需要进行用户日常管理，吸引新用户关注，减少老用户流失，同时想方设法激活不活跃的用户。

二、内容运营

在新媒体运营过程中，内容运营指的是运营者利用新媒体渠道，以文字、图片或视频等形式将内容呈现给用户，并激发用户分享、传播信息的过程。

内容运营并不是简单地撰写一篇文章、录制一段视频或制作一张图片，而是要让更多用户点开内容、完整浏览内容，并愿意与之互动或传播，进而因为内容而关注账号，或者对企业或品牌产生好感，甚至参与内容共创。

优质的内容能为营销大幅助力，创作优质的内容是"涨粉"的基础，也是变现的基础。也就是说，内容运营也是用户运营和产品运营的重要基础。

课后实践

最近有什么热点？如果给大学生相关的公众号投稿，你会结合热点撰写怎样的文章？

三、活动运营

活动运营指的是围绕企业目标，系统地开展一项或一系列活动。活动运营包括以下 3 个阶段。

活动策划：根据活动目标和预算，制定详细的活动策划方案，方案内容包括活动主题、流程、宣传策略等。

活动执行：实施活动，具体工作包括场地布置、物资准备、人员调配等。

活动复盘：对活动效果进行复盘，收集并分析参与人数、用户反馈、销售数据等信息，为后续活动提供改进依据。

在开展活动前，运营者需要进行详细策划，明确活动目标、形式、内容、时间安排等；活动完成后，运营者需要进行活动复盘。

活动运营的效果体现在活动的用户参与度上，然而持续提升用户参与度比较困难。一方面，如今选择较多，用户通常不会对同一个品牌、同一个账号或同一类活动保持浓厚兴趣；另一方面，活动运营团队很容易在策划几次活动后，陷入"思路受阻""创意枯竭"的状态，自然难以激发用户的参与热情。

因此，活动运营的关键点是跨界与整合。活动运营团队可以与其他行业的企业联合举办活动，同时整合各方面资源，以确保活动效果。

四、产品运营

产品运营是指通过一系列对产品的规划、推广、优化和维护等活动，确保产品能够满足用户需求，进而实现企业的商业目标。它贯穿产品的整个生命周期。产品运营不仅关注产品的性能，更侧重于运用运营手段将产品的独特价值和优势传达给目标用户，以此延长产品的生命周期，增强用户黏性，提升用户活跃度，最终实现企业的商业目标。

具体来说，产品运营在新媒体运营过程中的作用体现在以下几个方面。

1. 产品规划与定位

产品运营要求运营者深入理解产品的特性和目标市场，明确产品的定位和价值主张。这包括分析竞争对手、研究用户需求、制定产品路线图等，以确保产品能够满足目标用户的期望，并在市场中脱颖而出。

2. 内容策划与推广

围绕产品特性和用户需求，运营者需策划和制作各类内容，如产品测评、产品故事、案例分享等，并通过新媒体平台进行推广。这些内容旨在提升产品的曝光度，吸引潜在用户的关注，引导他们了解和使用产品。

3. 用户反馈与产品迭代

产品运营强调与用户的互动。通过收集和分析用户反馈，运营者能够了解产品的优点和不足，为产品迭代提供数据支撑。同时，他们还应与用户建立紧密的联系，收集用户需求，为产品的持续优化和升级指明方向。

4. 数据分析与产品优化

产品运营离不开数据的支持。运营者需利用各种工具和方法来收集和分析产品相关数据，如用户行为数据、市场趋势数据等。通过对这些数据的深入挖掘和分析，运营者可以了解产品的市场表现和用户行为特点，从而制定更加精准、有效的运营策略。

5. 商业变现与销量增长

产品运营的最终目标是实现商业变现与销量增长。运营者需探索各种商业模式和变现途径，如广告投放、会员服务、电商销售等，以最大化产品的商业价值。同时，他们还需关注产品相关指标，通过制定和执行有效的增长策略，推动产品销量增长。

五、社群运营

社群运营是指运营者通过在社群内持续为用户提供价值、举办社群活动等方式，助力企业实现品牌宣传、用户维护、用户裂变、产品销售等目标。

社群运营的目标包括以下几点。

1. 品牌宣传及产品销售

企业可以在社群中长期、高频地向用户传递信息，从而达成宣传品牌及销售产品的目标。在信息传递过程中，企业无须支付高昂的广告成本，可以通过举办社群活动等方式刺激用户购买产品，提高产品的销售转化率。

2. 用户裂变

企业在积累一定数量的种子用户后，还可以通过用户裂变实现拉新的目标。运营者首先需要建立一个高价值的社群，根据目标用户的需求，为群内用户提供课程、红包、奖品等福利，再引导种子用户传播社群信息，吸引新用户进群，从而实现用户的裂变与增长。

3. 用户维护

在社群中，企业不但可以向用户传递信息，还可以实现与用户的双向沟通，加强和用户的情感连接。同时，企业还可以通过在社群内举办福利活动、打卡活动等方式，实现用户促活、增强用户黏性等运营目标。

4. 提供服务

某些产品本身就包含社群服务，企业需要在社群内提供相应服务。这类社群运营的目标是引导用户复购及传播口碑。

六、AIGC 与新媒体运营

AIGC 即人工智能生成内容（Artificial Intelligence Generated Content）。一般来说，搜索引擎是对网上已有信息进行筛选后呈现符合用户需求的内容；而 AI 是对大量数据进行学习和分析后自动生成符合用户需求的内容，这些内容可能是全新的，不一定存在于网上的任何位置。

新媒体运营的五大模块都可以通过 AIGC 来提高运营效率。

1. 用户运营与 AIGC

现如今，很多企业已经将 AI 引入用户运营环节。例如，引入 AI 充当客服人员，在线上与用户进行沟通。AI 还可以帮助企业快速收集、处理和分析用户数据，更好地理解用户需求，从而制定针对性的运营策略。

很多企业专门引入了智能体，它是一种利用 AI 技术实现的软件程序，能够在特定情境中自主或通过交互执行任务，以达到特定目标或解决特定问题。简单来讲，可以把智能体视为拥有某一专长、可以解决特定问题的智能助手，例如"家庭教师智能体""语文学习小助手"或模仿李白创作风格的"李白智能体"。企业如果针对自身的美妆产品设置一个"美妆达人"智能体，那么用户就可以与这个"美妆达人"智能体进行互动，咨询关于美妆护肤的问题。例如，某品牌专门为用户设置了智能体，用户可以与该智能体进行对话，询问金花茶相关的信息，如图 1-17 所示。

图 1-17 某品牌的智能体

随着 AI 技术的持续发展，未来，智能体将被运用于更多的场景，运营者甚至可以根据用户的需求打造个性化的智能体。

2. 内容运营与 AIGC

在内容运营方面，企业可以用 AI 生成选题、标题、文案、图片、短视频、营销海报、PPT、直播话术和脚本，甚至用数字人进行直播等。

图 1-18 所示为秋叶的数字人视频，从视频中可以看到数字人与真人几乎无异，这类视频几乎达到了以假乱真、让用户难以分辨的程度。

总之，AI 的应用能够大大减轻内容创作者的工作负担。

图 1-18　数字人视频示例

3. 活动运营与 AIGC

AI 在活动运营中的应用主要表现在以下几个方面。

首先，AI 能够高效地辅助活动策划与筹备工作，通过自动生成创意主题、策划方案及宣传文案，为活动确定精准的市场定位，搭建吸引人的内容框架。这有助于提升活动的创新性和吸引力，同时降低策划阶段的成本和时间投入。

其次，在活动推广和执行阶段，AI 能够快速制作多样化的宣传材料，如海报、邀请函等，并通过个性化内容营销提升用户的参与度。同时，AI 可以在活动中提供即时的问答服务，优化用户体验。

最后，活动效果评估是活动运营的重要环节，AI 可以通过数据分析对活动效果进行全面评估，评估指标包括用户参与度、转化率等。这些指标数据不仅有助于企业了解活动效果，还可以为后续活动提供改进建议和优化方向。此外，AI 还可以生成详细的活动报告，帮助运营者更好地总结经验和教训。

总之，AI 在活动运营中的应用，不仅提高了内容生产的效率和质量，还通过个性化的互动和数据分析提升了活动的整体效果。

4. 产品运营与 AIGC

AI 可以在产品研发、产品定位、产品设计、产品创意、产品策划等方面为企业提供思路。例如，在产品测试与优化方面，AI 可以模拟用户行为，对产品进行自动化测试，从而发现潜在问题并提出优化建议；同时，可以通过分析用户反馈数据，为产品迭代提供科学依据。在商业变现方面，运营者可以利用 AI 技术分析用户购买行为和偏好，制定个性化的商业变现策略，如精准广告投放、个性化推荐产品等，从而提高转化率。

5. 社群运营与 AIGC

AI 正逐步成为助力社群提高运营效率、优化用户体验和提升用户活跃度的关键力量。AI 在社群运营中的应用目前主要体现在两个方面。

一方面，运营者可以利用 AI 撰写社群话术。以往，撰写社群话术需要运营者花费大量时间和精力，如今 AI 能够根据社群的特点、用户画像以及运营目标，自动生成符合社群氛围和用户需求的话术，从而提升社群的活跃度，如图 1-19 所示。

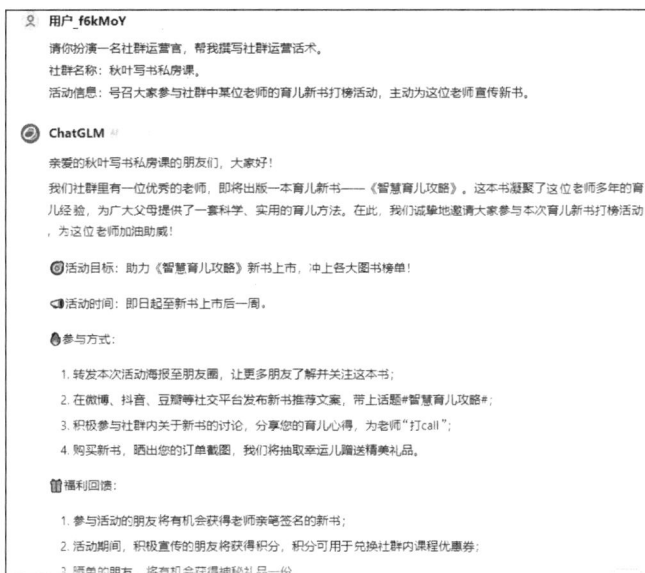

图 1-19 利用 AI 生成社群运营话术

这些话术可以是引导用户参与讨论的开场白，也可以是针对特定话题的回复或建议，还可以是个性化的用户关怀语句。通过运用 AI 撰写社群话术，运营者能够节省大量时间，同时确保话术的质量和效果，进一步提高社群的运营效率。

另一方面，运营者可以引入 AI 客服等来辅助运营。AI 客服能够自动回复用户咨询、对用户反馈进行分类以及定期推送相关内容等，这能大幅减轻运营者的工作负担。

目前，已经有企业在这方面进行了尝试，未来 AI 必然会在社群运营方面发挥更大作用。

课后讨论

新媒体运营的五大模块中，你最感兴趣的是哪个模块？为什么？

任务总结

新媒体运营包括用户运营、内容运营、活动运营、产品运营、社群运营这五大模块。现如今，这五大模块都可以运用 AI 来提高效率。

项目实训：拆解小红书的用户画像

1. 实训背景

为了更好地了解小红书的用户群体，实现精准营销和产品优化，大家需要对小红书的用户画像进行拆解，以此提升新媒体平台用户画像收集与分析能力。

2. 实训目的

- 掌握新媒体平台用户画像分析的方法和工具。

- 熟悉用户画像的组成部分，具备分析和拆解用户画像的能力。
- 培养解决实际问题的能力。

3. 实训要求

① 全班同学按照 4~6 人一组分成多个小组，每组选出一名组长，各小组进行比拼，最后由老师选出最佳小组。

② 组内进行分工，组长负责资料整合和汇报，其他组员分别负责查询最新的小红书用户的性别占比数据、年龄分布数据、城市分布数据、在线时长和时间段、活跃度数据、喜好类型及占比等，维度越多越好。

③ 组长整合组员收集的资料，并进行一定的分析，将资料和分析结果整合成文档或制作成 PPT，在班上进行汇报。

④ 老师进行分析和点评，选出最佳小组。评选标准包括数据权威性、数据时效性、数据详细度、结论科学性等。

⑤ 全班同学自行分享自己的数据收集渠道和研究方法，得出小红书用户画像的相关结论，并探讨其他新媒体平台的用户画像获取办法。

项目总结

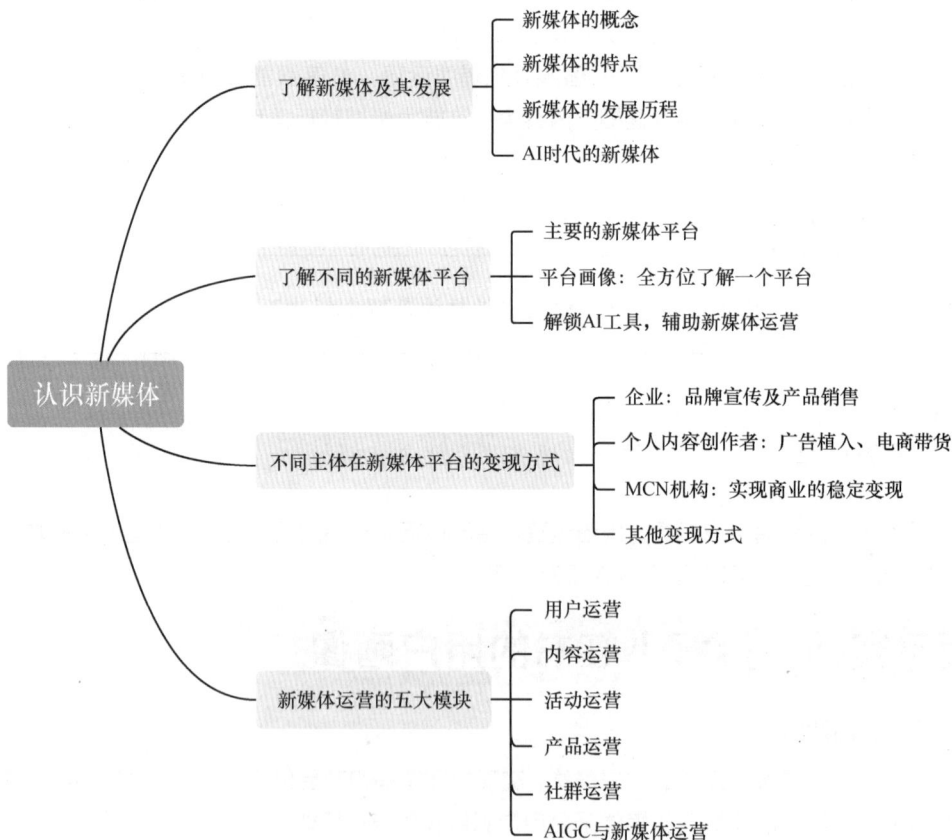

PART 02

项目二
运营人才的成长之路

【项目导读】

随着新媒体行业的蓬勃发展，越来越多的企业开始设置新媒体运营相关岗位，新媒体运营人员的规模也随之快速扩大。

运营人才的成长是一个综合性的过程，需要运营者不断学习、实践，提升自身能力并适应行业变化。因此，运营者应尽早制订自己在新媒体行业的职业发展规划，参照企业对新媒体运营人才的能力要求，不断提升自己。

知识目标

➤ 了解新媒体运营者的必备能力。

➤ 学习使用新媒体运营常用工具。

➤ 了解新媒体运营团队架构。

➤ 了解新媒体运营者的职业发展路径。

素养目标

➤ 培养敏锐的政治意识，能够理解和响应国家在新媒体领域的方针政策。

➤ 培养职业规划意识，能够根据新媒体行业的发展趋势和个人兴趣制定合理的职业发展目标。

➤ 增强适应能力，能够在快速变化的新媒体环境中持续学习和成长。

任务一　新媒体运营岗位能力清单

　　新媒体运营工作对运营者的多项能力，如文字表达能力、热点跟进能力、工具运用能力等，都有着较高的要求。因此，运营者应该与时俱进地洞察企业对新媒体运营人才的能力要求，从而有针对性地进行学习和提升。

　　运营者若想了解企业对新媒体运营人才有哪些能力要求，可以在招聘网站上搜索关键词"新媒体运营"，查看各企业在招聘新媒体运营相关人员时发布的职位信息。虽然每家企业发布的职位信息中对新媒体运营岗位的职责及任职要求的描述有所不同，但对其具体内容进行拆解及提炼后，即可得到能力需求关键词，如表2-1所示。

表2-1　企业新媒体运营岗位招聘信息及能力需求关键词

序号	企业招聘信息	能力需求关键词
1	运营企业新媒体账号：在公众号、今日头条、抖音、小红书、微博等平台推送文章，提高企业账号曝光率	内容创作能力
2	负责与用户沟通，如回答用户咨询的问题，将有意向的用户资料转交给市场部的同事	用户需求洞察能力、人际沟通能力
3	熟悉抖音、小红书、微信、微博、B站等各种新媒体平台账号的运营和推广方法	账号运营能力
4	研究新媒体发展、应用趋势，定期撰写新媒体行业分析报告，为确定推广方向提供支持	数据分析能力
5	根据项目需求，制定并实施阶段性新媒体推广策略，追踪推广效果	项目管理能力
6	关注并研究竞争对手的新媒体推广动态，根据实际情况及时制定可行的策略调整方案	热点跟进能力

　　通过对超过100家企业的招聘信息进行拆解及提炼，按照企业对运营者的各项能力要求出现的频率进行排序，这里为大家筛选出了出现频率较高的7项能力，由此得到新媒体运营岗位能力清单。

1. 内容创作能力

　　内容是企业向用户传递信息的媒介，企业要想在新媒体平台实现获取更多流量、提高产品销售转化率等运营目标，必须以优质的内容作为基础。因此，内容创作能力是运营者必须具备的基础能力。

　　由于不同企业所处的发展阶段不同，且新媒体运营整体规划存在差异，因此不同企业对运营者的内容创作能力要求可能会有所不同。例如，一些企业可能要求运营者能够撰写公众号文章和短视频脚本；而某些企业可能已经有文案编辑等专门从事内容创作的人员，对新媒体运营者的内容创作能力要求就会适当降低。

　　即使企业配备了专业的内容创作岗位人员，运营者还是会不可避免地遇到一些与内容创作相关的工作，如撰写活动规则、制作简单的活动海报、撰写课程大纲等。因此，运营者至少应该具备较强的文字表达能力，能够撰写简单的文案，并且能够进行简单的图片设计及视频剪辑。在此基础上，运营者还需根据企业的要求不断提升内容创作能力。

2. 账号运营能力

　　新媒体运营工作是围绕新媒体平台展开的。运营者需要熟悉企业目标平台的规则及特点，有针对性地进行内容创作、发布及推广，从而提高用户互动率和转化率。

不同企业可能运营着不同的新媒体平台账号，运营者可以重点掌握部分平台账号的运营方法，积累实战经验，并熟悉平台用户的喜好。

3．项目管理能力

项目是指运营者为了实现特定目标，通过各种运营手段开展的一项短期或长期的工作任务。无论是策划一场活动、宣传一个新产品，还是运营一个社群，都需要运营者具备项目管理能力。

项目的推进通常需要经过计划、沟通、协作、执行、反馈等步骤，运营者需要根据运营目标进行统筹和规划，保证项目的正常推进，并达成既定的项目目标。

4．协调与沟通能力

协调与沟通在新媒体运营工作中非常重要。对内，运营团队一般由多个成员组成，运营者需要与多人协作完成运营工作，只有有效的沟通才能保障团队工作的效率；对外，运营者可能需要与用户进行沟通，相关工作包括了解用户需求、收集用户反馈，以及回复用户的咨询、安抚用户的情绪等。

5．热点跟进能力

热点是指受到广大用户关注的新闻事件、话题及信息。热点能够吸引大量用户的关注，企业在新媒体平台发布与热点相关的内容，就有机会提高曝光度。因此，运营者必须对热点有敏锐的洞察能力，并且能够从众多热点中筛选出可以与企业品牌及产品建立联系的内容并进行跟进。

6．数据分析能力

运营者在开展新媒体营销时往往很容易获得较为精确的数据，如短视频完播率和转化率、页面访问量、文章转化率、用户浏览时长、网页跳出率等。因此，运营者必须持续提升自身的数据分析能力。很多时候，运营者除了要对活动数据、内容数据、用户数据等进行分析，可能还要对竞争对手数据、目标用户行为数据等进行分析。总之，优秀的运营者能够熟练使用数据分析工具，对运营数据进行跟踪和分析，并根据分析结果调整运营策略，优化内容发布的时间、频率和渠道。

7．持续学习和适应能力

为了在日新月异的新媒体行业中保持竞争力，运营者必须具备持续学习和适应能力。具体来讲，运营者需要做到以下几点。

关注新趋势：新媒体行业不断涌现出新的趋势，如短视频的兴起、直播电商的火爆、社交媒体算法的更新等。运营者需要密切关注这些趋势，以便及时抓住机遇，调整策略。

学习新技术：新媒体运营涉及的技术不断更新，运营者需要不断学习这些新技术，以提高工作效率。

提升专业素养：运营者应通过持续学习和实践，形成自己的专业知识体系，以应对日益复杂的运营挑战。

适应快速变化的市场环境：市场环境瞬息万变，用户需求、竞争对手策略、平台政策等都可能随时发生变化。运营者需要保持高度的灵活性，根据实际情况及时调整运营策略。

你认为在校大学生可以通过哪些方式和渠道来提升自己的新媒体运营能力？

任务总结

运营者需要具备内容创作能力、账号运营能力、项目管理能力、协调与沟通能力、热点跟进能力、数据分析能力、持续学习和适应能力，从而全面提升运营效果，实现品牌或产品信息的广泛传播。

任务二　新媒体运营常用工具

为了更好地完成新媒体运营工作，运营者经常需要借助一些运营工具。熟练使用各类运营工具也是运营者的必备技能之一。

一、内容资讯平台

运营者经常需要策划选题、跟进热点事件，因此可以关注一些内容资讯平台，通过这些平台了解最新的行业资讯。

1. 平台内榜单

很多新媒体平台都有自己的榜单，这些榜单展示了平台上的热搜话题。以抖音为例，其不仅有"抖音热榜"，还有"同城榜""直播榜""音乐榜""品牌榜"等，如图 2-1 所示。这些榜单上的事件和话题或多或少能为运营者提供一定的素材。

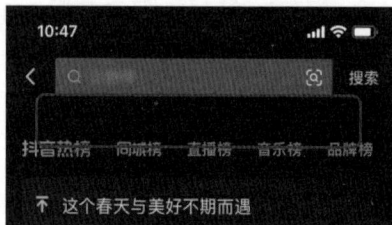

图 2-1　抖音榜单

此外，微博有热搜榜。微博热搜榜会展示用户搜索的热门关键词，并根据短时间内的搜索量对这些热门关键词进行排名，每分钟更新一次。而且，微博热搜榜包含分类榜单和地区榜单。运营者可以通过微博热搜榜以较快的速度获取最新的资讯。

2. 今日热榜

今日热榜是一个聚合各大热门网站头条信息的平台，它为用户提供了便捷的途径，方便用户快速浏览全网热门资讯。该平台支持多源聚合、高效抓取、个性化订阅，旨在提高用户获取信息的效率，如图 2-2 所示。

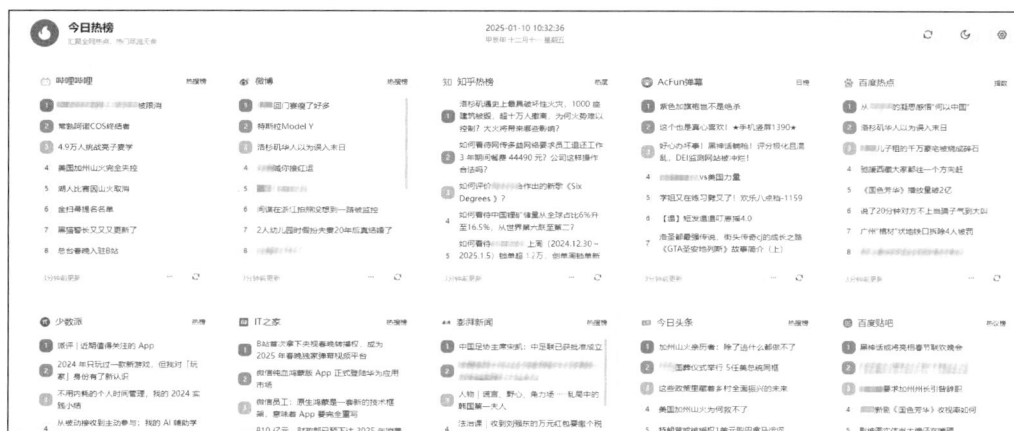

图 2-2　今日热榜

3. 第三方平台的分类榜单

运营者还可以在蝉妈妈、新抖、千瓜数据等第三方平台上查询抖音、快手、视频号、小红书等平台的内容榜单，例如美妆类视频榜单、母婴类账号榜单等，从而找到更多更精准的选题参考和热点内容。图 2-3 所示为新抖上某个时间段的美食类账号榜单。

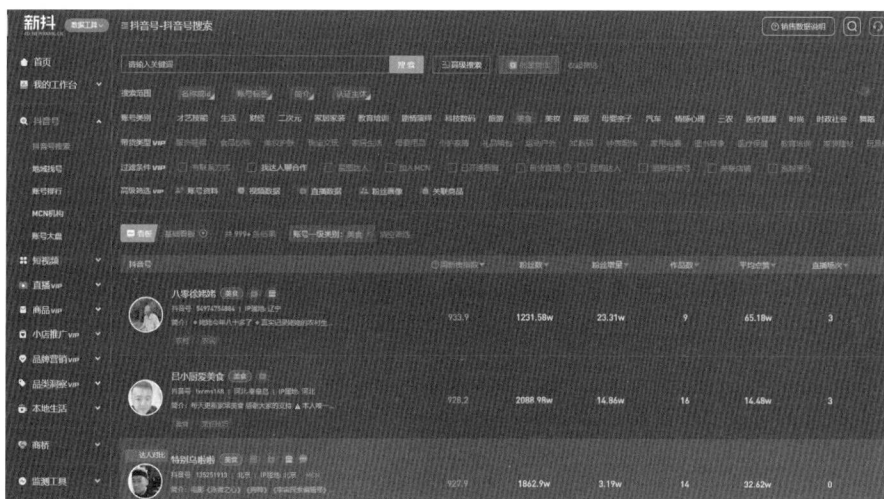

图 2-3　新抖上的美食类账号榜单

二、数据分析工具

在新媒体运营工作中，运营者需要通过数据分析工具获取所需数据并完成数据分析。

一些数据分析工具可以提供新媒体平台内非常详细的数据内容，如平台内的热门直播间、热门达人等的数据。运营者还可以通过数据分析工具查看指定账号的详细数据。以下介绍一些常用的数据分析工具。

1. 百度指数

百度指数是以百度海量用户行为数据为基础构建的数据分析平台。运营者可以通过百度指数了解某个关键词在百度的动态搜索规模，查看该关键词在一段时间内的热度涨跌态势及相关新闻舆论的变化情况。图2-4所示为两个词在百度指数上的搜索情况对比。

图2-4　百度指数上两个词的搜索情况对比

2. 蝉妈妈

蝉妈妈是专业的抖音和小红书一站式数据分析服务平台，主要向用户提供抖音和小红书平台内达人、商品、直播、短视频、小店等多维度的数据分析服务。

3. 新榜

新榜是一个内容产业服务平台，主要向用户提供微信、视频号、微博、抖音等多个平台的榜单信息。同时，它还向用户提供深度定制的数据服务，以满足用户更多的数据需求。

4. 其他数据分析工具

运营者可以根据所运营的新媒体平台账号及具体的数据服务需求选择其他数据分析工具，如清博智能、千瓜数据等。除此之外，运营者还可以通过搜索"新媒体平台名称+数据分析"的关键词组合查找及筛选可以使用的数据分析工具。

三、图片处理工具

在新媒体运营工作中，运营者可能经常需要处理大量的图片。所以，运营者应该具备基础的图片处理技能，并学会使用图片处理工具来完成一些简单的图片处理工作。

以下是常用的图片处理工具。

1. 美图秀秀

美图秀秀是一款图片编辑软件，具有美化图片、人像美容、添加文字、抠图、拼图、添加贴纸、添加边框等多种功能。美图秀秀适用于移动端和 PC 端。在移动端，它适合用于拍照和修图，进行一些简单的图片美化操作；在 PC 端它适合用于处理和编辑图片。现如今，美图秀秀还增加了 AI 功能，可以实现 AI 制作商品图、海报、Logo、PPT 等，如图 2-5 所示。

图 2-5　美图秀秀的 AI 功能

2. 在线图片设计工具

运营者经常需要发布活动海报、朋友圈图片等，因此可以通过在线图片设计工具完成一些简单的图片设计工作。

常见的在线图片设计工具有稿定设计、创客贴、图怪兽等。这些工具为用户提供了多种设计模板。即便运营者不具备专业的图片设计能力，也可以通过简单的操作设计出美观的图片。稿定设计的模板页面如图 2-6 所示。

图 2-6　稿定设计的模板页面

四、排版工具

排版是指对图文内容的格式进行优化，使内容的展示更加美观，例如微博图文的排版、公众号文章的排版、小红书笔记的排版等。

优质的排版可以降低用户的阅读成本，使内容更具吸引力。运营者可以通过排版工具实现更高效、更优质的内容排版。常见的排版工具有壹伴、秀米、i排版、135编辑器等，运营者可以根据实际需求进行选用。秀米的编辑页面如图2-7所示。

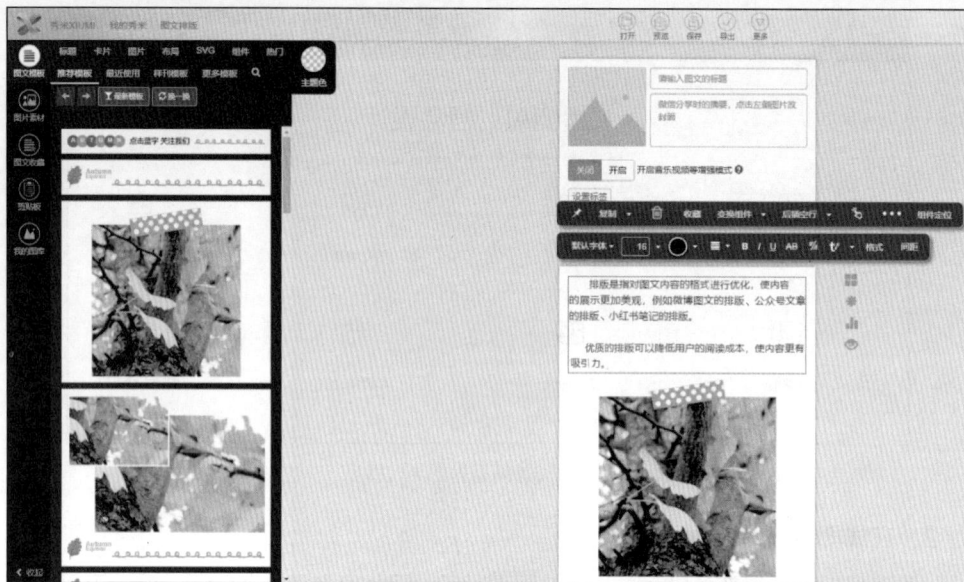

图2-7　秀米的编辑页面

五、视频编辑工具

随着视频类新媒体平台的快速发展，用户对视频内容的需求也在快速增长，运营者需要学会使用视频编辑工具来完成视频编辑工作。

常用的PC端视频编辑工具有Premiere、Edius、会声会影等，其中Premiere的应用较为普遍；常用的移动端视频编辑工具有剪映、秒剪等，其中剪映的功能较丰富，操作也简单。同时，剪映也适用于PC端。

运营者可以根据实际需求选择不同功能及不同操作难度的视频编辑工具。一般来说，使用剪映可以完成视频剪辑，以及为视频添加音频、文字、贴纸及特效等相对基础的视频编辑工作。

课后实践

请简单体验1~2个本任务介绍的新媒体运营工具，并聊聊你的使用感受。

任务总结

运营者常用的工具包括：内容资讯平台，如今日热榜等；数据分析工具，如百度指数、新榜等；图片处理工具，如美图秀秀、稿定设计等；排版工具，如秀米、壹伴等；视频编辑工具，如剪映、Premiere 等。运营者需要熟悉并掌握这些工具的基本用法。

任务三　新媒体运营团队架构

企业通常会在新媒体运营团队中配备多个岗位的人员。在企业发展的不同阶段，运营团队架构可能会有所区别。运营者从事新媒体运营工作时，也需要了解团队其他成员的工作内容及职责范围，这样才能在工作中实现良好的配合。

一、与新媒体运营相关的岗位

企业在设计新媒体运营团队架构时，会根据自身的实际需求和情况，设置文案编辑、社群运营、产品经理等不同的岗位，这些岗位人员的工作重心有所不同。

1. 文案编辑

侧重内容营销的企业一般会将新媒体平台内容的创作与发布分开，由不同的人员完成。文案编辑主要负责内容的产出，他们需要根据用户的需求及运营目标来创作内容，再由新媒体运营人员在各大新媒体平台发布这些内容。

在与文案编辑配合的过程中，新媒体运营人员需要把控内容创作的整体方向，确定内容创作的主题范围、形式、频率等。文案编辑需要在了解平台规则、平台内容偏好及用户阅读偏好的基础上，进行专业的内容创作。最后，再由新媒体运营人员完成内容发布及之后的数据分析和用户互动工作。

2. 社群运营

社群运营也属于新媒体运营的范畴，但部分企业可能会同时设置新媒体运营与社群运营两个岗位。

新媒体运营人员主要负责企业各新媒体平台账号的运营工作，以实现企业在新媒体平台的"涨粉"、品牌宣传及产品销售等目标。当新媒体运营人员筛选出精准的目标用户，并将用户引流至微信等平台后，社群运营人员会通过社群开展用户的维护与转化工作。

3. 产品经理

互联网企业可能会设置产品经理的岗位，产品经理主要负责互联网产品的研发、营销等工作。

新媒体运营人员一般需要具备一定的产品运营能力，而产品经理通常需要完成专业度更高的产品运营工作。当企业同时设置新媒体运营与产品经理岗位时，通常由产品经理主要负责产品运营的相关工作，新媒体运营人员则需要在了解产品的特点及优势的前提下，围绕产品开展用户运营、内容运营及活动运营等新媒体运营工作。

二、企业在不同发展阶段的新媒体运营团队架构

企业处在不同发展阶段时，其新媒体运营团队架构可能会有差异，运营者的具体工作内容也会因此存在差异。

1. 初期

在企业发展初期，新媒体运营团队的规模一般较小，此阶段运营者可能需要同时运营多个平台账号并具备多种运营能力。

此阶段，企业一般对运营者有以下要求。

① 运营者首先需要对多个新媒体平台都有所了解，这样才能针对不同平台的特点制定相应的运营方案。

② 运营者应该能够同时独立完成用户运营、内容运营、活动运营及产品运营中的几项或全部工作。

③ 运营者应该尽快使企业的新媒体运营工作取得初步的成效，帮助企业实现盈利，尽快进入发展中期，扩大团队规模。

2. 中期

在企业发展中期，新媒体运营团队的规模会扩大，团队中可能会增加一些岗位。多数处于这一阶段的企业会根据现阶段的需求增加不同职能的岗位，如文案编辑、美工设计等。

此阶段，企业在新媒体平台的粉丝数量增多、业绩目标增长。运营者需要承担的常规性职责有所减少，但需要完成更为深入和专业的新媒体运营工作。

3. 成熟期

企业进入成熟期后，一般新媒体运营团队已达到较大规模。企业可能会按照平台或职能的不同，将新媒体运营团队划分为多个不同的部门。例如，有的大型互联网企业会根据自身涉足的平台设置抖音运营部、小红书运营部等，或者根据职能设置活动运营部、内容编辑部等。

此阶段，运营者的工作范围变窄，但工作对运营者的专业度要求更高。例如，就活动运营的工作内容而言，在企业发展的前两个阶段，运营者可能只需要策划一些中小型活动，活动的方案策划及落地执行都相对简单。当企业发展到成熟期以后，可能经常需要举办大型活动，活动的参与人数、成本投入、未知风险等都会有所增加，此阶段就需要多个运营者共同完成专业度较高的活动运营工作。

课堂讨论

你认为企业在发展初期对新媒体运营者的要求更高，还是在成熟期对新媒体运营者的要求更高？为什么？

任务总结

企业在设计新媒体运营团队架构时，会根据自身的实际需求和情况，设置文案编辑、社群运营、产品经理等不同的岗位。企业处在不同发展阶段时，其新媒体运营团队架构可能会有差异，运营者的具体工作内容也会因此存在差异。

任务四　新媒体运营者的职业发展路径

企业一般会设立新媒体运营专员、新媒体运营主管及新媒体运营总监 3 个不同级别的新媒体运营相关岗位。

一、新媒体运营专员

新媒体运营专员是运营者从事新媒体运营工作的起点，不同的企业可能对新媒体运营专员有不同的叫法，如运营专员、运营助理等。

1. 工作职责

新媒体运营专员是企业新媒体运营部门的基础执行者，主要负责具体的运营工作，如公众号和社群的日常运营和维护，制定并执行用户互动策略，策划并执行各类营销活动，跟踪推广效果并收集用户反馈等。

企业通常按照职能对新媒体运营专员进行分工。例如，有的专员可能专注于内容运营，负责撰写和发布优质内容；有的专员可能专注于用户运营，负责与用户互动，增强用户黏性；还有的专员可能专注于活动运营，负责策划和执行各类线上、线下活动。

当然，当企业处于发展初期时，新媒体运营专员可能需要一人身兼多职，兼顾内容运营、用户运营、社群运营、产品运营和活动运营等工作。

2. 能力要求

首先，新媒体运营专员需要具备扎实的文字功底，能够撰写出有吸引力、符合品牌调性的内容；其次，需要具备良好的选题敏感性，能够及时发现热点话题；最后，还需要熟悉各种社交媒体平台，了解不同平台的用户特点和运营规则。

此外，新媒体运营专员还需要不断尝试新的运营手段和方法，以提升运营效果；同时通过数据分析来评估运营效果，并根据分析结果优化运营策略。

二、新媒体运营主管

新媒体运营主管除了需要完成更为复杂的运营工作外，还需要担负起团队管理的职责，对团队的整体目标负责。新媒体运营主管的常见工作职责有以下 4 项。

1. 制定新媒体运营目标

新媒体运营主管需要根据企业的战略发展规划，新媒体运营团队制定在年度、季度、月度等不同时间段的可量化目标，同时根据团队目标为团队成员制定个人目标，从而为团队成员的工作提供方向。

2. 搭建新媒体平台矩阵

新媒体运营主管需要根据企业的现状及新媒体运营目标，选择合适的新媒体平台，明确在哪些新媒体平台上分别运营哪些账号，并确定每个账号的定位、运营目标及运营思路等。

3. 策划与统筹具体活动

新媒体运营主管需要为团队成员提供相对明确的工作指示，也就是策划新媒体运营工作的内容方向，并安排团队成员负责执行相关工作。

例如，某企业的新媒体运营主管根据既定的新媒体运营目标，计划在一个月内策划一场为企业公众号增加 5 000 个新用户的拉新活动。于是，该主管制定了活动的基本方案，包括活动主题、目标用户、大致的活动流程等内容，并安排新媒体运营专员在既定的时间内完成活动方案的细化工作。在新媒体运营主管对细化的方案进行审核并定稿后，新媒体运营专员再按照方案所规定的时间及事项执行活动的落地工作。

4. 评定团队成员工作

团队成员在执行新媒体运营工作时，可能会因经验不足而出现差错，这时需要新媒体运营主管进行把关。新媒体运营主管需要时刻关注团队成员的工作情况，以避免团队成员出现工作失误，进而导致企业利益受损。并且，新媒体运营主管应该周期性地对团队成员的工作进行评定，帮助团队成员不断进步。

三、新媒体运营总监

新媒体运营总监是企业新媒体运营部门的最高负责人，负责制订整体运营规划、管理新媒体运营部门、监督运营策略执行情况等核心工作。

1. 工作职责

新媒体运营总监需要与市场部门紧密配合，共同制定市场推广策略，以提升用户体验和品牌影响力；同时，还需要关注市场动态和用户需求变化，及时调整运营策略以应对市场挑战。此外，新媒体运营总监还需要负责团队建设、人才培养和绩效考核等工作。具体而言，要关注团队成员的成长和发展，为其提供必要的培训和指导；同时，建立有效的绩效考核机制，激励团队成员积极投入工作。

2. 能力要求

新媒体运营总监需要具备长远的战略眼光和极强的管理能力，能够结合企业整体规划确定市场定位和运营思路；同时，需要具备卓越的新媒体运营专业能力和创新能力，能够带领团队不断突破和创新，探索新的运营模式和手段；此外，还需要具备敏锐的市场洞察力和较强的数据分析能力，能够及时发现市场机遇和潜在风险，并通过数据分析评估运营效果和优化策略。

总之，新媒体运营总监要能带领整个团队以正确的方式开展新媒体运营工作，帮助企业尽快实现新媒体运营目标。

课后思考

从新媒体运营专员到新媒体运营主管，再到新媒体运营总监，运营者需要提升哪些能力？应该如何在工作中锻炼自己？

任务总结

运营者的职业发展路径是从初级到高级的晋升轨迹。运营者通常从新媒体运营专员起步，逐步晋升为新媒体运营主管，再进一步晋升为新媒体运营总监。在这个过程中，每个阶段都伴随着职责范围的扩大和能力的提升。

项目实训：用新榜分析优质新媒体账号

1. 实训背景

假设你是某公司的新媒体运营人员，现公司要求你打造公司专属的新媒体账号。为了完成任务，你需要深入了解当前市场上同行业的优质新媒体账号，分析它们成功的关键要素，并为公司的新媒体账号运营提供建议。

在新媒体时代，各种优质新媒体账号层出不穷，它们凭借独特的内容和精准的运营策略，吸引了大量粉丝，成为行业内的佼佼者。然而，这些新媒体账号的成功绝非偶然，其背后蕴含着系统的运营逻辑和策略。为了更好地理解并掌握这些运营逻辑和策略，你需要借助专业的分析工具。新榜作为专业的新媒体数据分析平台，能够帮助你更高效地完成这一任务。

2. 实训目的

- 了解新榜的基本功能和应用场景。
- 学会选取并分析优质新媒体账号。
- 掌握从数据中提取有价值信息的方法。
- 提升对新媒体账号运营策略的理解和应用能力。

3. 实训要求

① 全班同学按照 4～6 人一组分成多个小组，每组选出一名组长，各小组进行比拼，最后由老师选出最佳小组。

② 每组从美妆时尚类、教育类、萌宠类、财经类、测评类、亲子类、剧情类、生活 Vlog 类中选择一个类别，在所选类别的账号中找出两个优质账号。平台不限，可以是小红书，也可以是抖音、B 站、视频号等，但所选的两个账号必须属于同一平台。

③ 注册并登录新榜，熟悉其基本功能和应用场景，尝试使用搜索账号、查看数据等功能。

④ 小组成员在新榜中搜索前面所选的两个账号，查看并分析账号的相关数据，包括粉丝画像、作品分析、带货分析、直播分析等。

⑤ 对比两个账号的数据，得出相关结论，并形成简要的文字报告。报告完成后，由组长进行汇报，老师进行点评。

⑥ 老师根据整体的汇报情况，选出 1～2 个表现最佳的小组，并说明原因。评选标准包括数据全面性、数据科学性、数据详细度、结论科学性等。

⑦ 全班同学自行分享各自的研究过程和对比方法，得出新媒体运营的相关结论，并探讨其他数据获取和分析的方法。

项目总结

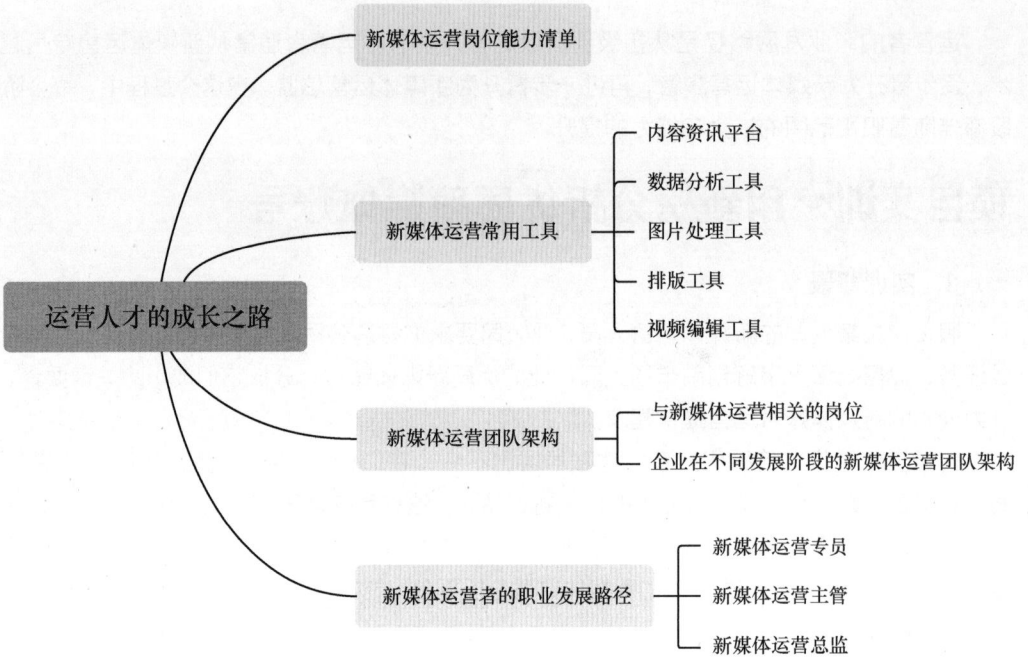

- 运营人才的成长之路
  - 新媒体运营岗位能力清单
  - 新媒体运营常用工具
    - 内容资讯平台
    - 数据分析工具
    - 图片处理工具
    - 排版工具
    - 视频编辑工具
  - 新媒体运营团队架构
    - 与新媒体运营相关的岗位
    - 企业在不同发展阶段的新媒体运营团队架构
  - 新媒体运营者的职业发展路径
    - 新媒体运营专员
    - 新媒体运营主管
    - 新媒体运营总监

PART 03

项目三
用户运营

【项目导读】

在当今信息爆炸、竞争激烈的市场环境下，用户不再仅仅是冰冷数据的集合，他们已成为企业生存与发展的核心驱动力。成功的用户运营不仅能够加深用户对企业的认知与信赖，还能激发用户参与企业活动的热情，有助于构建一个活跃且具有黏性的用户生态。

在新媒体运营中，很多工作是围绕用户展开的，做好用户运营已成为新媒体运营的关键且必要的一步。

知识目标

➢ 了解用户运营的概念与主要工作。

➢ 学会绘制用户画像。

➢ 了解用户运营的四大板块：拉新、促活、留存、转化。

➢ 了解如何进行用户整合。

素养目标

➢ 明白信息安全的重要性，培养信息安全意识，确保用户数据安全。

➢ 紧跟国家数字经济发展步伐，不断学习新知识、新技能，提升在用户运营领域的专业素养，适应快速变化的市场环境。

➢ 树立正确的职业道德观念，推崇诚信、公正、负责任的职业行为，成为具有高尚品德的用户运营人才。

任务一　用户运营的概念与具体工作

企业中可能存在一些岗位，它们从名称上看似乎与用户运营没有直接关联，如社群运营、活动运营、网店客服等，但如果在招聘网站中搜索这些岗位，会发现其岗位描述中的很多职责都与用户运营直接相关。

一、用户运营的概念

简单来说，用户运营就是通过一系列策略和手段管理和维护与用户的关系，让用户在使用产品或服务的过程中感到满意，进而提升他们对企业的喜爱度和忠诚度。

在具体的用户运营工作中，运营者需要明确用户运营的对象、目标及手段。

1. 用户运营的对象

用户运营的首要任务是明确用户是谁。这不仅涉及构建用户画像，更要深入理解用户的需求、偏好、行为习惯乃至情感诉求。例如，一款面向年轻职场人士的健康管理应用，其用户运营团队需深入了解这一目标群体的工作压力、健康困扰、生活习惯等，以便提供更加贴心、个性化的服务。精细化的用户运营要求运营者根据不同用户的特点及需求制定有针对性的运营方案，从而取得良好的运营效果。

2. 用户运营的目标

对于企业来说，用户运营的阶段性目标可能是用户增长、用户活跃度提升、用户留存等，但最终目标必然是促使用户转化，即实现变现，进而达成收益增长。

制定目标有助于运营者明确接下来要开展的具体工作。运营者需要结合企业现状制定清晰且合理的目标，这里可以运用 SMART 框架。SMART 框架是一个用于制定目标和标准的工具，它可以帮助运营者制定明确的、可衡量的、可实现的、相关的且有时限的目标，如图 3-1 所示。

Specific	Measurable	Achievable	Relevant	Time-bound
（明确的）	（可衡量的）	（可实现的）	（相关的）	（有时限的）

图 3-1　SMART 框架

以提升用户活跃度为例，下面使用 SMART 框架来制定一个明确的目标。

- Specific（明确的）

不明确的目标：我想提升用户活跃度。

明确的目标：在接下来的两个月内，我想将日活跃用户数（Daily Active Users，DAU）

提高 30%。

- Measurable（可衡量的）

不可衡量的目标：我想让用户更喜欢我们的产品。

可衡量的目标：我将通过数据分析工具每日追踪 DAU，并计算其与目标的差距。

- Achievable（可实现的）

不可实现的目标：我想在一个月内将 DAU 提高 100%。

可实现的目标：考虑到当前的用户基数和活跃度趋势，以及可实施的运营策略，每月将 DAU 提高 15% 是可实现的，两个月内即可达到提高 30% 的目标。

- Relevant（相关的）

不相关的目标：我想增加社交媒体账号的粉丝数。

相关的目标：我将优化产品内的用户引导流程，增加用户互动元素，以提升用户在日常使用中的活跃度。

- Time-bound（有时限的）

没有时限的目标：我想提升用户活跃度。

有时限的目标：我计划在接下来的两个月内，通过实施一系列运营策略，将 DAU 提高 30%。

将这 5 个方面结合起来，就得到了一个符合 SMART 原则的用户运营目标：在接下来的两个月内，运营者计划通过优化产品内的用户引导流程，增加用户互动元素，以及实施一系列有针对性的运营策略，将 DAU 提高 30%。

3. 用户运营的手段

实现用户运营目标，离不开多样化的策略和创意手段。例如，一个旅游品牌可以通过分享旅行故事、目的地攻略、文化解读等内容，激发用户的旅行欲望。同时，利用社交媒体平台进行互动营销，如发起话题挑战、直播带货、与 KOL 合作等，也是拉近品牌与用户距离的有效方式。

总之，用户运营的核心目标是提升用户体验，增强用户黏性，最终目标是促使用户转化。在这个过程中，运营者需要不断地与用户互动，关注用户的反馈和需求，及时调整策略，确保产品能够持续吸引和留住用户。

二、用户运营的 4 项主要工作

用户运营其实存在于我们身边的很多场景中。例如，经营一家小店，不仅要吸引新用户（拉新），还要让用户愿意经常光顾（促活），喜欢上这家店（留存），并且愿意购买商品（转化）。

用户运营的 4 项主要工作包括拉新、促活、留存和转化，如表 3-1 所示。

表 3-1　用户运营的 4 项主要工作

工作类别	目的	对象
拉新	实现企业用户规模的扩大	符合企业目标用户特征，但暂时还未成为企业用户的群体
促活	提高用户打开频率，增加用户在线时长	企业现存的所有用户

续表

工作类别	目的	对象
留存	减少流失用户，对已流失用户进行召回	企业即将流失及已经流失的用户
转化	将潜在用户转化为付费用户，获取收益	企业现存的所有用户，尤其是活跃用户

例如，盒马鲜生（以下简称盒马）是阿里巴巴旗下的一个社区新零售平台，主要销售果蔬、海鲜等生鲜食品，并为用户提供配送服务，在全国很多一、二线城市设有大型门店。盒马的运营团队就是围绕拉新、促活、留存和转化开展用户运营工作的。

1. 拉新

盒马通过开展拼团活动号召老用户"邀新"，如图 3-2 所示。

另外，盒马还推出了"邀请有礼"活动，用户邀请新人注册账号并使用盒马，就可以花一元购买指定商品，如图 3-3 所示。

图 3-2　盒马的拼团活动

图 3-3　盒马的"邀请有礼"活动

2. 促活

用户在盒马 App 注册账号后，可以每天在"盒马小镇"签到打卡，获取能够用来兑换优惠券及奖品的"盒花"，如图 3-4 所示。

除此之外，盒马运营团队还针对会员制定了大量的促活策略。如盒马上海湾店的运营团队设置了每周三的会员抢购活动，以及每天上午 11 点的会员优惠券抢购活动，这些都是为了更好地维系与会员的关系，提升会员的活跃度。

图 3-4　盒马的"盒花兑好礼"活动

3. 留存

当用户长期不活跃，即将流失时，盒马运营团队会通过短信给用户发放优惠券，引导用户重回平台消费。除此之外，盒马会吸引用户加入社群，定期在群中开展活动，以此留住用户。

4. 转化

运营团队每天会在盒马 App 中推出一些特价商品，或发放近日可用的优惠券、满减券等，吸引用户下单购买，促进用户转化。

课堂讨论

在新媒体时代，你认为用户运营的 4 项主要工作中成本最高的是哪一项？为什么？

任务总结

用户运营，首先要明确用户是谁，然后要确定用户运营的目标，再考虑用户运营的手段，即通过什么方法实现用户运营的目标。此外，用户运营的 4 项主要工作是拉新、促活、留存、转化。

任务二　用户运营与用户画像

某企业准备推出一款宠物烘干机，在将其正式推向市场前，市场营销人员和产品运营人员经过调研后，绘制出了这款宠物烘干机的目标用户画像，具体如下。

年龄：25～45 岁。

性别：男女比例相对均衡。

地理位置：主要集中在城市和近城市地区。

喜好与习惯：对宠物美容、护理和健康较为关注，愿意为宠物健康和美容投入资金；愿意为宠物提供全面的照料和护理，希望宠物拥有更舒适的生活。

生活方式：重视时间成本，追求高效、便捷的生活方式，希望能够以更快捷的方式完成宠物护理工作；希望使用安全、舒适的工具和设备为宠物提供护理，对产品的安全性和舒适性要求较高。

用户画像又称用户角色，作为一种勾画目标用户、联系目标用户诉求与设计方向的有效工具，在各个领域得到了广泛应用。

用户画像可以帮助运营者更好地理解目标用户的行为和心理，了解目标用户的需求和特点，从而更有效地制定营销策略和设计产品，提升用户体验和满意度。

一、筛选目标用户

绘制用户画像是围绕目标用户展开的，目标用户不同，绘制出的用户画像可能会有较大差别。在不同的活动中，以及不同的时间段内，目标用户可能有所不同。因此，找准目标用户是绘制精准用户画像的第一步。

同一企业开展的不同活动可能针对不同的目标用户。例如，企业在淘宝官方旗舰店举办的优惠福利活动和在微信群举办的分享裂变活动，所针对的用户存在差别。

另外，企业长期战略规划所针对的目标用户和某一次活动所针对的目标用户也可能不同。例如，一家化妆品企业制定了通过公众号"涨粉"及变现的长期目标，相关规划所针对的目标用户可能是所有使用公众号，并且有可能购买产品的用户，这样能覆盖规模相对较大的用户群体。与此同时，为了提高复购率，该企业决定举办一次以回馈老用户为主题的社群活动。这时，目标用户可能是在半年内有过购买记录，并且已经添加过客服微信账号的用户。

目标用户将直接影响后续一系列运营方案的制定。因此，企业在开展用户运营工作前，要先筛选目标用户。筛选目标用户一般可以通过 4 个步骤完成，如表 3-2 所示。

表 3-2　目标用户筛选步骤

步骤	动作
第一步：用户查找	代入活动场景，找出所有可能参与活动并能帮助企业达成活动目标的用户
第二步：用户分类	将这些用户按照特征进行分类
第三步：用户筛选	对比不同类别的用户，找出获取成本最低、参与意愿最强、最容易对结果产生正向影响的那部分用户，将他们作为活动的目标用户
第四步：用户验证	对目标用户采样，在小范围内进行测试与验证

二、用户画像标签

用户画像，其实就是用户信息的标签化。针对特定的用户群体，运营者收集他们在个人基本属性、社会属性、消费习惯等多个方面的数据，并对这些数据进行统计和分析，从而帮助企业判断或预测用户的偏好及行为。可以说，绘制用户画像就是通过提炼用户标签来完成的。每一个标签都是对用户某种特征的描述，多个标签汇聚在一起，就构成了用户画像的轮廓。常见的用户画像表达形式如图 3-5 所示。

图 3-5　常见的用户画像表达形式

要绘制完整的用户画像，运营者需要回答以下 3 个问题。

Who："用户是谁？"，即分析用户的固定属性，这能够帮助运营者判断用户偏好，从而决定推送什么信息给用户。运营者可以通过固定属性标签来描述用户是谁。

Where："用户在哪里？"，即分析用户路径，包括用户打开频率较高的聊天软件、用户常用的搜索网站、用户常看的内容平台等。通过对用户路径的分析，运营者能够找到触达用户的渠道。运营者可以通过路径标签来描述用户在哪里。

What："用户在做什么？"，即分析用户场景，包括用户在某特定场合或特定时间的常见动作。例如，了解用户在早上起床后、通勤路上、晚上睡前等场景中是如何学习、如何娱乐的。这能够帮助运营者明确触达用户的时间及方式。运营者可以用场景标签来描述用户在做什么。

因此，用户画像可以用以下公式来描述。

用户画像=固定属性标签+路径标签+场景标签

其中，固定属性标签又分为个人基本属性、生活/社会属性、兴趣偏好、消费偏好、行为信息这 5 个小类。用户画像常见标签如表 3-3 所示。

表 3-3　用户画像常见标签

标签类别		用户画像常见标签
固定属性标签	个人基本属性	年龄、性别、学历、身高、体重、健康状况、收入水平、婚恋状况 ……
	生活/社会属性	职业/行业、社会地位、居住情况、出行方式、就餐方式 ……
	兴趣偏好	对旅行、音乐、影视作品、体育运动、美食、书籍等内容的兴趣偏好 ……
	消费偏好	价格/价位偏好、品牌偏好、购买决策时长、购买渠道 ……
	行为信息	登录情况、浏览情况、互动情况、消费记录 ……
路径标签		常用的 App、常访问的网站、常用的购物平台、关注的新媒体账号 ……
场景标签		用户在特定场合、特定平台、特定时间的行为习惯 ……

企业通过提炼用户标签，绘制出精准的用户画像，就可以据此制定有效的运营方案。

三、绘制用户画像的注意事项

绘制用户画像是新媒体运营工作的起点。绘制精准的用户画像可以为后续的运营工作锚定整体方向，减少因大量不精准的运营工作而造成的资金和人力资源的浪费。

要想绘制精准的用户画像，运营者需要掌握正确的方法。错误的用户画像绘制方法往往会导致用户运营工作整体偏离正确方向。运营者在绘制用户画像时应注意以下几点。

1. 关注用户标签的时效性

用户的标签可能会不断变化，所以运营者在绘制用户画像时需要考虑标签的时效性。如果以已经失去时效性的标签作为绘制用户画像的参考依据，而此时用户的实际情况已经发生改变，运营者自然无法绘制出精准的用户画像。

需要注意的是，不同类型的用户标签的时效性有所不同。例如，固定属性标签就相对稳定，因为用户的性别、学历、身高等属性一般不会轻易发生变化；而路径标签与场景标签往往会随用户所处环境的变化而发生较快、较频繁的变化。运营者需要对不同标签的时效长短做出判断，并及时更新标签。

2. 注意样本数量是否充足

在绘制用户画像时，一个比较常见的问题是样本数量不足，这会影响对用户情况的判断。例如，在通过问卷调查收集数据以研究某一个用户群体时，如果运营者只从中抽取了很小一部分用户参与调查，那么调查结果很可能因受到特例的影响而不准确。例如，某个专门针对大学生的学习类公众号，其运营者只选取了附近一两所学校进行用户问卷调查，所得到的结果大概率不准确。又如，某平台如果想得到更为准确的结论，就需要对用户的多次行为进行追踪。如果用户使用平台的时间很短，后台抓取的数据不足，得出的结论可能就不够精准。所以，运营者在收集数据时一定要保证样本数量充足，避免以偏概全。

3. 避免代入式画像

代入式画像是指运营者将自己或团队的日常行为进行系统分析，并将分析结果或自己过往的经验作为绘制用户画像的依据。代入式画像非常容易导致结果出现偏差，这是因为运营者个人及其接触过的群体的经历都是有限的，不一定能代表大多数用户。

因此，在实际的运营工作中，运营者不能根据自己"想当然"的结论绘制用户画像，一定要以充足的样本数据及严谨的市场调研为基础进行分析。

> **课后思考**
>
> 在绘制用户画像时，目标用户的固定属性标签是否越多越好？

任务总结

要开展用户运营工作，首先要筛选目标用户；其次要将用户信息标签化，回答用户是谁、用户在哪里、用户在做什么这3个问题，进而提炼出用户的固定属性标签、路径标签、场景标签；最后，要关注用户标签的时效性、确保样本数量充足、避免代入式画像等。

任务三　用户运营四大板块之拉新

拉新是指通过各种策略吸引新用户，以增加用户总体数量。运营者要想取得理想的运营效果，实现如变现、扩大品牌影响力等目标，就需要以拥有一定体量的用户为基础。所以，拉新是用户运营工作的开端，是后续针对用户开展促活、留存和转化工作的基础。

一、线上渠道拉新

对多数企业而言，各大新媒体平台是其主要的拉新渠道。运营者需要在众多新媒体平台中找出目标用户所在的平台，在充分了解和熟悉这些平台的特点及规则后，选择合适的方式进行拉新。

1. 线上渠道拉新方式

运营者可以通过输出优质内容及付费推广这两种方式在线上渠道获得曝光，从而完成拉新。

（1）输出优质内容

在抖音、小红书、视频号等内容型新媒体平台上，企业可以注册企业官方账号、创始人账号、代言人账号、员工账号等，甚至以虚拟人设等身份开通账号，成为内容创作者，通过输出优质的内容获取流量，吸引用户关注。

例如，小米就在抖音构建了账号矩阵，该矩阵包括官方旗舰店账号、创始人及高管账号、团队员工账号，以及以小米智能助手"小爱同学"为形象的动画角色账号，如图 3-6 所示。通过构建账号矩阵，小米能够从不同角度和层面输出丰富多样的内容，如产品介绍、技术解析、用户评测、智能生活场景展示等，从而吸引更广泛的用户群体关注，有效提升品牌曝光度，实现拉新并与用户进行深度互动。

图 3-6　小米的抖音账号矩阵

要想实现用户增长，运营者必须具备较强的内容输出能力。因为大多数平台都需要通过优质的内容来满足平台用户的需求，一些平台甚至会定期推出内容创作活动，鼓励运营者发布高质量的内容。

持续、稳定地输出高质量的内容是在内容型新媒体平台获得曝光、实现"涨粉"的主要方式。所以很多账号在建立初期会保持"周更"甚至"日更"的频率。

（2）付费推广

除了输出优质内容，企业也可以通过付费推广吸引新用户。

付费推广的方式和渠道有很多。例如，企业可以投放抖音开屏广告，这样用户在打开抖音时就可以接收到营销信息；可以在百度购买与关键词推广相关的服务，这样当用户搜索某些关键词时，企业的营销信息就会优先显示；可以在公众号投放信息流广告，这样用户在浏览某些公众号文章时就会看到广告信息。此外，企业也可以在一些内容型新媒体平台上直接购买流量，如抖音的"DOU+"、小红书的"薯条"、微博的"粉丝头条"等，这些都是平台官方推出的付费推广服务，如图 3-7 所示。

图 3-7　不同新媒体平台的付费推广服务

除购买官方推广服务外，企业还可以与内容型新媒体平台上拥有较多粉丝的"大 V"合作，向这些"大 V"支付费用，让其发布与企业相关的推广信息，这本质上也属于付费推广。

2. 找到合适的新媒体平台

新媒体平台众多，企业难以兼顾，所以在通过线上渠道拉新时，运营者需要找到合适的新媒体平台。运营者可以从以下 3 个角度进行考量。

（1）平台用户的精准度

拉新力求精准。运营者需要关注新媒体平台用户的精准度，避免在投入大量的人力、物力后，获取到的是不匹配的用户。例如，小红书上的女性用户占比较高，而在 B 站上，男性用户则超过女性。如果企业的产品是女性用品，那么在小红书上运营账号大概率会比在 B 站上运营账号效果好。

（2）平台的定位及内容偏好

不同的新媒体平台可能有不同的定位及内容偏好。例如，同样是视频平台，抖音重点扶持短视频内容，而 B 站则以 3 分钟以上的长视频内容为主要扶持对象。运营者需要关注新媒体平台的定位与内容偏好，分析其是否与企业在现阶段的运营目标及运营能力相契合。

（3）平台的规则

所有新媒体平台都有各自的规则，如抖音的社区自律公约、小红书的社区公约，这些规则旨在规范用户行为。有的平台对于外部引流有一定的限制。例如，小红书社区公约就明确禁止发布引流信息，如图 3-8 所示。

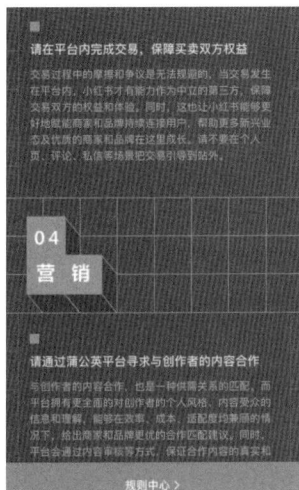

图 3-8　小红书社区公约的部分内容

3. 线上拉新技巧

对于新媒体运营团队来说，要在线上渠道获得曝光并完成拉新，主要有以下关键点和技巧。

（1）以优质内容为基础

内容只有足够优质，才会被平台推送给用户；用户只有被内容吸引，才有可能关注账号；用户只有关注账号，才有可能进行后续的转化。所以，优质的内容是拉新的基础。

（2）设置引流提示

有时候，设置一定的引流提示会大大激励用户主动关注账号，从而提高拉新效率。例如，在公众号评论区留言告诉粉丝"关注我，私信获取××资料包"；在短视频结尾加上一句"关注我，每天一个××小技巧""关注我，学习××不迷路"；在账号主页简介中提示"加入粉丝群，获取×××福利"等。

（3）设计导流品

用户关注账号或进入社群后能获得什么利益，这一点很重要，因此运营者需要精心设计导流品。导流品的设计在考虑吸引人的同时，还要考虑成本可控，即不会因为领取人数过多就产生递增的成本。所以选择资料包，如 PPT 模板、营养餐食谱、会员卡、优惠券、在线课程等虚拟产品作为导流品比较合适，因为其成本不会受导流人数和转化率的影响。

◆　案例

秋叶 PPT 是职场办公类公众号，创建于 2013 年，专为职场人士提供 PPT 方面的知识和技巧。经过多年优质内容的积累和有效的用户运营，截至 2024 年 9 月，秋叶 PPT 的粉丝量突破 255 万名。作为一个 PPT 技能分享账号，秋叶 PPT 设置了很多"隐藏福利"以吸引用户关注，具体如下。

关注后回复【知识】，能得到 3 000 多篇精华文章。

关注后回复【模板】，能得到大量精选 PPT 模板。

关注后回复【神器】，能得到超多好用的办公工具。

关注后回复【课程】，能领取 100 门优质免费课程和 40 个高质量的自学网站地址。

关注后回复【进群】，能申请加入高质量 PPT 交流群。

（4）用好付费推广

在新媒体平台上购买流量时，要注意推广的精准性。运营者应根据产品或内容的属性，结合用户的年龄、性别、地域、喜好等维度，定性、定量地选择目标人群，从而实现更精准的推广。

二、线下渠道拉新

线下渠道拉新是相对传统的拉新方式。在某些特定情况下，企业通过线下渠道可以以更低的成本获取精准度更高的用户。线下渠道拉新适用的情况主要有以下几种。

（1）企业有线下业务

企业有线下业务，或者需要获取特定区域内的用户时，就需要进行线下渠道拉新。

相较于线上渠道拉新，线下渠道拉新的优势在于可以以地域为标签，更加准确、便捷地辐射特定区域内的用户，实现线下用户的精准引流。例如，外卖 App 在发展初期需要获取线下各指定区域内的商家和用户。此时，通过地推的方式邀请商家入驻平台，并在指定区域内投放线下广告吸引用户，就是非常有效的拉新方法。

（2）产品的客单价较高

一般而言，产品的客单价越高，企业就越需要和用户建立信任。通过线下渠道拉新，以面对面的方式交流，更有利于提升用户的信任度。例如，汽车等产品的销售一般需要经过多次面对面的交流才能完成。

（3）企业有实体店铺

一般情况下，实体店铺每天会有一定数量的到店用户。将用户引流到线上平台后，企业就可以在用户离店后通过线上平台对用户进行后期维护，促使用户持续转化。

如果企业存在以上几种情况，就可以考虑通过线下渠道拉新。

常见的线下渠道拉新方式主要有地推、实体店内引流、线下广告投放、开展线下活动等，如表 3-4 所示。

表 3-4　常见的线下渠道拉新方式

线下渠道拉新方式	操作方法
地推	通过实地宣传，以及发放传单、赠品等宣传物料，对目标用户进行引流
实体店内引流	引导实体店内的用户完成下载应用、关注账号、添加店铺微信号等操作
线下广告投放	付费在线下渠道投放广告，如投放公交车站牌广告、电梯广告、路牌广告等
开展线下活动	通过举行讲座、展会、竞赛等不同类型的活动，吸引目标用户到场

三、裂变活动拉新

每个用户都有自己的人际关系网络，企业在触达某个用户后，就可以设计裂变活动，引导该用户在自己的人际关系网络中推广指定的信息。用户完成推广任务后，就可以获得相应的奖励。这一过程就是种子用户裂变。一场成功的裂变活动可以帮助企业以较低的成本获得高精准度的用户。

◆　案例

秋叶书友会是一个知识分享类免费社群，以新媒体实战专家兼知识类 IP 达人"秋叶大叔"为核心。从"秋叶大叔"公众号、视频号、抖音号、快手号等不同渠道引流来的非付费用户基本上都在这一社群中。截至 2024 年 5 月，该社群数超过 600 个，成员数超过 8 万人，如表 3-5 所示。

表 3-5　秋叶书友会社群数及成员数

社群	账号	社群数/个	成员数/人
秋叶书友会	秋叶大叔 7-1	200	25 840
	秋叶大叔 7-2	200	24 076
	秋叶大叔 7-3	200	27 493
	秋叶大叔 7-3（阳米）	28	3 854
	秋叶大叔 7-4	46	3 330
总计		674	84 593

（数据更新于：2024 年 5 月 16 日）

除了通过内容平台的账号矩阵引流，秋叶书友会团队还通过裂变活动吸引了很大一部分用户进群。例如，用户邀请 3 个好友进群即可获得图书一本。

2023 年 7 月，秋叶书友会团队策划了一场"社群裂变送书"活动，用户邀请 6 名新用户进群即可获得图书《秒懂 AI 写作：让你轻松成为写作高手》一本，邀请 12 名新用户入群即可获得两本图书。新用户入群后，还可以观看两场针对社群内部的"干货"分享直播，主题是"如何利用 AI 工具助力小红书账号'涨粉'变现？"经过 3 天的预热宣传和 2 天的信息推广，最后该活动的拉新人数达到 4335 人，获得图书的用户有 366 人（预期是 200 人），可见，这是一次较为成功的裂变活动。

一场成功的裂变活动应具备以下 3 个要素。

1. 一定数量的种子用户

在举办裂变活动前，企业需要先积累一定数量的种子用户。这部分用户应该对产品已经有一定的认识，最好曾经使用过并认可产品。

秋叶书友会在开展这场裂变活动前，已经运营了近 3 年的时间，积累了大量的用户。这些用户对秋叶书友会比较认可，会积极主动地参与活动。

2. 有吸引力的裂变"诱饵"

有吸引力的裂变"诱饵"即能吸引已有用户群体扩散信息和拉新的奖励，如秋叶书友会赠送的图书和"干货"分享直播。

3. 完善的裂变活动方案

裂变活动方案中应该有对活动时间、人员安排、活动预算、活动流程等的详细规划。

在开展裂变活动前，秋叶书友会团队经过讨论，制定了完善的裂变活动方案，包括朋友圈扩散文案和运营方法、用户进群后的欢迎话术等细节。团队经过近半个月的筹划，确保活动在 4 000 多名用户参与的情况下能够顺利推进。秋叶书友会的裂变活动方案如图 3-9 所示。

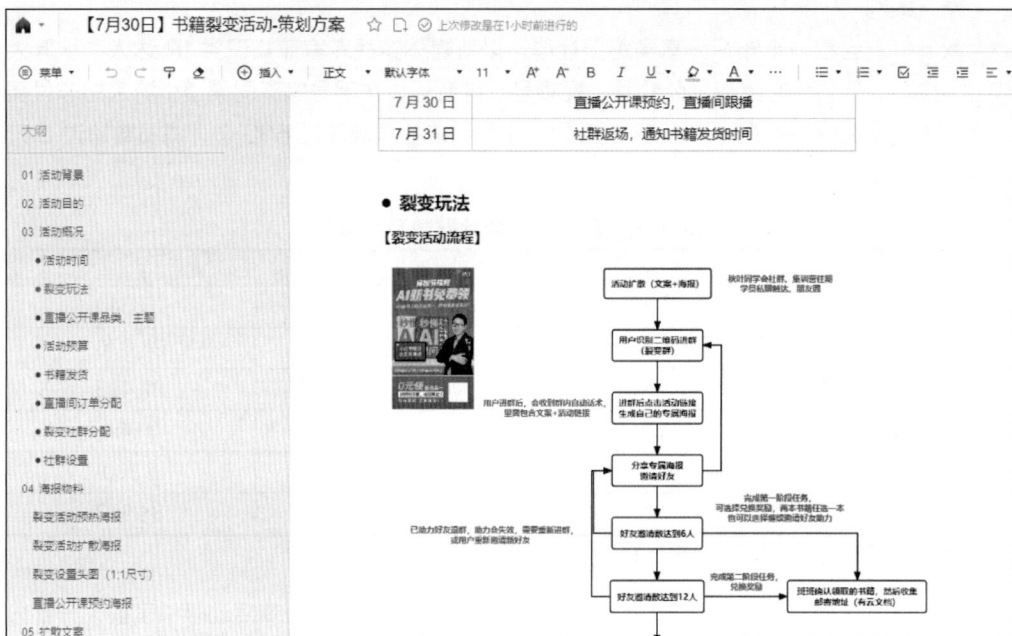

图 3-9　秋叶书友会的裂变活动方案

四、考核拉新效果的 4 个维度

拉新既要追求数量也要重视质量。运营者需要从用户增长数、用户精准度、用户增加成本及用户留存情况 4 个维度综合考核拉新效果。

1. 用户增长数

拉新最直观的效果体现为一定时间内用户的增长数，这是考核拉新效果的首要依据，也是比较容易获取的一项数据。

2. 用户精准度

用户精准度是指新增用户与产品的匹配程度。精准度越高的用户，后期转化为付费用户的可能性越大。用户精准度对于考核拉新效果至关重要，因为不精准的用户可能会浪费企业大量的财力和人力，且难以转化。

3. 用户增加成本

拉新过程中必然会产生一定的成本，这些成本既包括直接的费用投入，也包括人力成本、时间成本和企业内部的管理成本。运营者在拉新前，要先做成本预算，预估完成拉新目标需要投入的资金和人力，并在拉新过程中时刻注意控制成本。

要获得理想的拉新效果，运营者必须将用户增长成本控制在企业能接受且不过分高于行业平均水平的范围内。

4. 用户留存情况

运营者还需要关注拉新后用户的留存情况。在一些拉新活动中，用户是因为想获得奖励，才配合完成了关注、注册、下载等任务。在活动结束后，如果用户对产品没有产生好感，不认可品牌的价值，很可能会迅速流失。所以，运营者应该计算新增用户在一定时间内的留存率（留存率=留存用户数÷用户增长数），在此期间流失的用户不能算作有效的新增用户。

> **课堂讨论**
>
> 你认为本任务提到的几种拉新渠道中，哪种效果最好？哪种成本最低？哪种留存率和转化率最高？请说明原因。

> **任务总结**

拉新是用户运营工作的开端，是后续针对用户开展促活、留存和转化工作的基础。拉新方式包括线上渠道拉新、线下渠道拉新、裂变活动拉新等。拉新效果可以从用户增长数、用户精准度、用户增加成本、用户留存情况这 4 个维度来综合考核。

任务四　用户运营四大板块之促活

拉新完成后，新用户数量会逐渐增多。这些用户如果过于沉默，就会逐渐演变成无效用户。随着这类用户的增加，用户运营的难度会变大，价值也会降低。所以，在用户运营中，促活是必不可少的一环。

运营者可以依据用户的登录频率及在线时长，将用户分为活跃用户与非活跃用户。一般而言，活跃用户使用产品的时间更长，他们可能对品牌及产品有更高的忠诚度、喜爱度和信任度。因此，对企业而言，活跃用户具有更高的价值。

一、判断用户活跃度的依据

企业一般会通过用户互动频率、登录频率及在线时长等指标判断用户是否活跃。实际上，由于运营主体的不同，判断的依据会有所差异。

新媒体账号的用户活跃度可以通过点赞率、收藏率、留言率等相关数据来判断。在抖音、视频号等多数新媒体平台，运营者可以通过平台的创作者后台查看与用户活跃度相关的数据。例如，在公众号后台，有详细的用户数据记录，包括新增用户数量、用户互动数量、常读用户数等。其中，常读用户数的变化（见图 3-10）在一定程度上能反映活跃用户数的变化，常读用户数越多，说明用户活跃度越高。

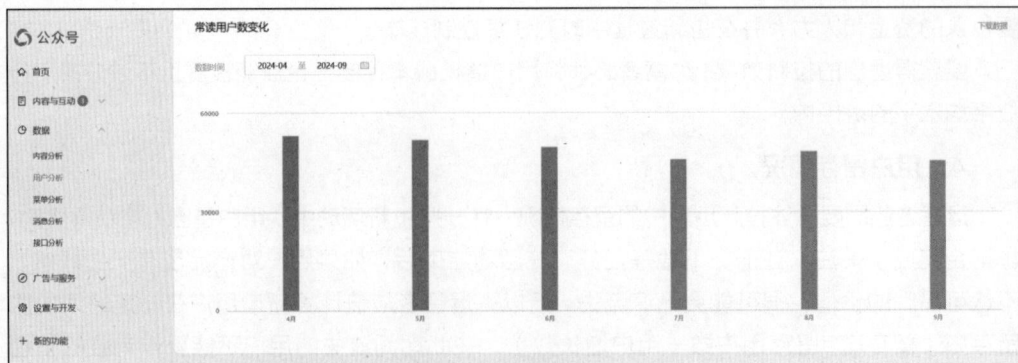

图 3-10　常读用户数变化

有些新媒体平台并不向运营者提供这些数据，在此情况下，运营者只能参考点赞数、收藏数、转发数、留言数等互动数据，从侧面判断用户活跃度。

一般来说，用户活跃度与以下数据密切相关。

① 登录和交互频次

用户登录网站、店铺、小程序的频次及在这些平台上的交互频次是判断用户活跃度的直接指标。高登录频次和高交互频次通常意味着用户对产品有浓厚的兴趣。这里的交互频次指的是用户在平台上进行互动（如关注、点赞、评论、收藏、置顶、留言、私信等）的次数。

② 在线时长

用户在网站、App 内的在线时长也是衡量其活跃度的重要指标。在线时长较长表明用户对内容或产品有浓厚的兴趣。

③ 活跃用户数

活跃用户数用于衡量产品的市场体量，相关指标包括日活跃用户数（DAU）、周活跃用户数（Weekly Active Users，WAU）和月活跃用户数（Monthly Active Users，MAU）。

④ 启动次数

用户启动产品的次数反映用户的使用频率。日均启动次数越多，说明用户对产品及其主体的依赖性越高，用户活跃度也就越高。

⑤ 页面浏览量

页面浏览量用于衡量用户在产品内的浏览深度。页面浏览量越高，说明用户对产品内容的探索越深入，用户活跃度也相应越高。

⑥ 用户行为特征

除了上述量化指标，用户的具体行为特征也是判断用户活跃度的依据。例如，用户在产品内的收藏行为、购买行为等都可以用于衡量用户活跃度。

二、常见的促活手段

在对用户采取促活手段前，运营者首先应该通过详细分析用户路径及行为数据、开展问卷调查、进行访谈等方式，了解用户不活跃的原因。

常见的促活手段有以下几种。

1. 优化产品

用户购买产品的目的是获得价值，所以优化产品、满足用户的需求是提升用户活跃度的基础。

2. 优化内容

在很多内容型新媒体平台上，企业的账号能否提供用户想看的内容，是用户是否继续关注该账号的关键影响因素。运营者应密切关注内容数据，当数据表现不佳时及时做出调整，同时根据历史数据判断用户爱看什么内容，并根据用户偏好优化内容。

3. 优化功能

对于用户使用频率较低的互联网产品，运营者如果想提升用户活跃度，可以尝试优化产品功能，提升用户体验，促使用户增加使用次数及延长在线时长。

4. 打造用户成长激励体系

用户成长激励体系包含引导用户完成特定行为的一系列激励或约束规则。例如，很多店铺有会员机制，用户买单时通过小程序注册会员就可以获得优惠券或积分等，而后续消费金额达到一定水平，用户就能获得礼品或享受一定折扣，这种会员机制就是一种用户成长激励体系。

5. 给用户推送信息

如果用户不主动打开 App 或小程序，运营者可以主动向用户推送其可能感兴趣的内容，或者发放优惠券。例如，某餐饮品牌就经常策划优惠活动，并把相关信息通过企业微信推送给用户，促使用户到店消费，如图 3-11 所示。

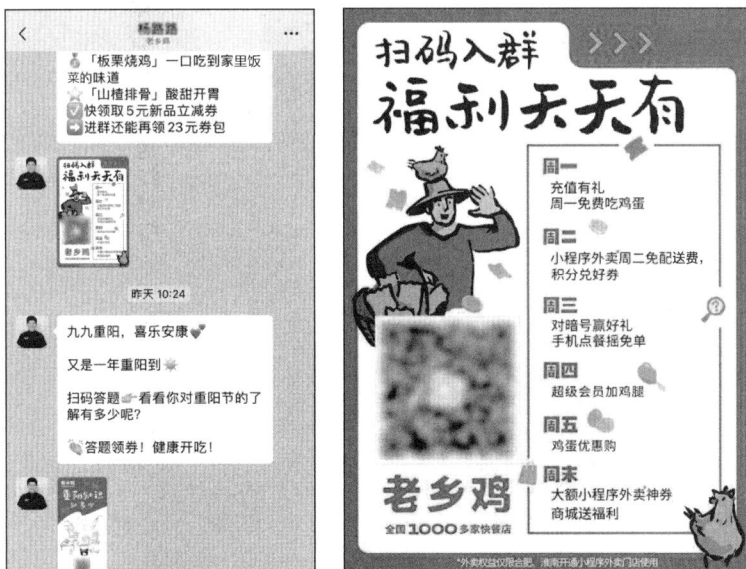

图 3-11　某餐饮品牌向用户推送优惠活动信息

6. 发起互动和讨论

运营者可以通过社群、公众号文章、短视频评论区等定期发起话题互动和讨论，激发用户参与的兴趣，提升用户活跃度。

课后思考

你是否收到过商家或平台推送的信息？其中有哪些内容能吸引你打开平台？

任务总结

用户运营中，促活是必不可少的一步。运营者可以依据用户的登录频率及在线时长，将用户分为活跃用户与非活跃用户。一般来说，用户活跃度与登录和交互频次、在线时长、活跃用户数、启动次数、页面浏览量、用户行为特征等密切相关。运营者可以通过优化产品、优化内容、优化功能、打造用户成长激励体系、给用户推送信息、发起互动和讨论等手段来促活。

任务五　用户运营四大板块之留存

用户在接触某个新媒体账号一段时间后，如果仍然保持一定的访问频率，就被认为成功留存。

运营者需要通过一系列的运营手段尽量减少用户的流失，增加留存用户的数量，并延长用户留存的时间。

一、判断用户是否流失的标准

每个用户从接触产品开始，直到彻底流失，一般会经历引入期、成长期、成熟期、休眠期和流失期5个阶段，这就是完整的用户生命周期，如图3-12所示。用户的活跃度在引入期及成长期逐渐提升，并在成熟期达到最高，之后再逐渐降低，直至用户流失。

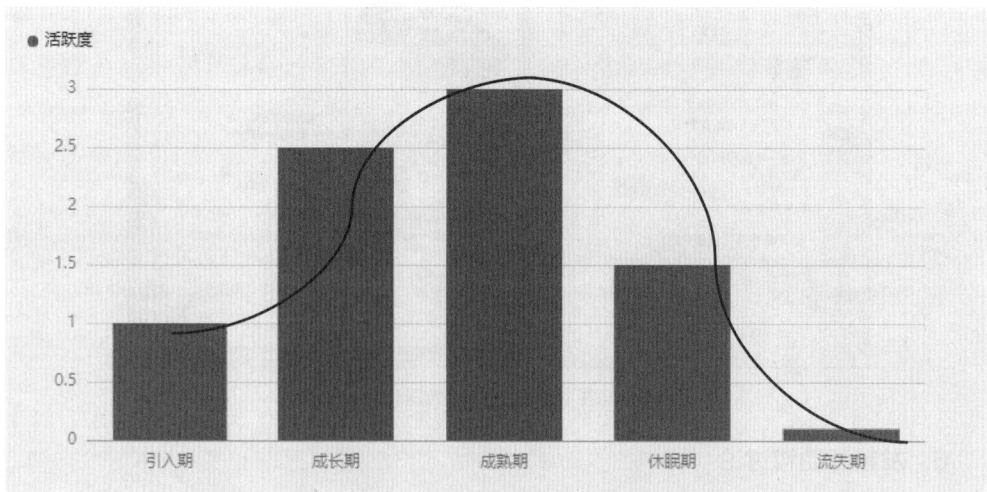

图3-12　用户生命周期示意图

对于处在不同阶段的用户，运营者应该采用不同的运营策略，如表 3-6 所示。

表 3-6　针对不同阶段用户的运营策略

阶段	运营策略
引入期	帮助用户了解产品，使用户对产品产生好感
成长期	为用户持续提供价值，并通过促活手段增强用户黏性
成熟期	站在用户角度，完善产品和用户成长激励体系，延长用户的活跃时间
休眠期	分析用户活跃度降低的原因，为用户提供新的价值，刺激用户重新活跃
流失期	找到能够触达流失用户的途径，向用户发送信息，召回用户

想召回流失用户，运营者需要先确定判断用户是否流失的标准。一般而言，判断用户是否已经流失，可能会遇到以下两种情况。

第一种情况是根据用户的留存情况判断用户是否已流失。例如，用户已卸载 App、注销平台账号，或者对企业的新媒体账号取消关注，这时就可以认为该用户已流失。

第二种情况是根据用户的活跃情况判断用户是否已流失。如果用户长期不活跃，也可以认为该用户已经流失了。这时，运营者就需要对"长期不活跃"设定一个可量化的标准。这一标准可以参考企业自身及所在行业的具体情况来设定。

二、召回流失用户

用户流失以后，运营者需要先罗列出所有能够触达用户的途径（如电话、短信、微信公众号、微信个人号、邮箱等），然后向流失用户发送召回信息。常用的用户召回方法如下。

1. 给予利益

给予用户利益是比较常见的用户召回方法。运营者可以向用户发放专属的优惠券、让用户免费试用会员功能，或者通知用户参与平台内举办的福利活动等。例如，某些品牌经常发布活动信息，吸引用户参与活动赢代金券，从而进店消费。

2. 告知损失

运营者可以告知用户，在离开平台后就无法再继续享受平台提供的服务，也就是说，用户失去了继续享受这些服务的机会。运营者可以提醒用户注意这一情况，利用用户对损失的厌恶心理，引导用户回归。例如，有些软件会在用户想要卸载时弹出"确定卸载吗？积分将会清零哦"之类的提示。

3. 利用社交关系

如果平台有较强的社交属性，运营者可以向用户强调平台的社交价值，或者利用用户在平台上已有的社交关系，吸引其回归。例如，向用户发送短信"您的好友××在××（平台）上发送了一条新动态，点击查看……"。

课后思考

以社群为例，你认为社群活跃度越高越有利于新用户留存，还是社群活跃度越低越有利于新用户留存？为什么？

> **任务总结**

每个用户从接触产品开始，直到彻底流失，一般会经历引入期、成长期、成熟期、休眠期和流失期5个阶段，这就是完整的用户生命周期。对于处在不同阶段的用户，运营者应该采用不同的运营策略。运营者可以通过给予利益、告知损失、利用社交关系等方法召回流失用户。

任务六　用户运营四大板块之转化

前面所讲的拉新、促活、留存都是为用户转化服务的。企业在有了一定数量的活跃用户后，可以尝试通过电商带货、会员充值、内容付费等方式进行商业变现，获取收益。转化效果的好坏将直接影响企业最终的盈利。

一、通过多个指标考核转化效果

对于转化效果的考核一般需要参考多项指标。

1. 转化率

转化率一般是指付费用户在活跃用户中的占比。企业每获取一个用户都会产生一定成本，因而需要把已获取的用户尽可能多地转化为付费用户，所以转化率是衡量转化效果的核心指标之一。

2. 购买频率

购买频率是指用户在固定时间内的购买次数。购买频率越高，代表用户的黏性越强。

3. 付费用户的平均付费金额

付费用户的平均付费金额是用付费总金额除以总付费人数计算得出的。

4. 活跃用户的平均付费金额

活跃用户的平均付费金额是用付费总金额除以活跃用户数计算得出的。

5. 生命周期值

生命周期值是指用户在整个生命周期中的付费总金额。

运营者可以通过以上5个指标考核转化效果。除此以外，运营者还可以关注其他转化指标。在不同阶段，需要重点关注的指标可能不同，运营者可以根据实际情况灵活选择。

运营者应注意避免只以单一指标考核转化效果的情况，因为这可能会导致决策失误。例如，如果只重视转化率，而不关注购买频率，就可能忽略大量用户一次性购买后立刻流失的情况，进而影响后期关于用户运营的决策。

二、设计转化路径

转化路径是指用户从接收企业营销信息到成交（或注册）的完整流程，由一系列步骤或节点组成。一般来说，转化路径越简单流畅，转化率越高。

◆　案例 1

某英语学习软件在抖音投放了广告，以吸引用户下载并注册，其销售漏斗如图 3-13 所示。

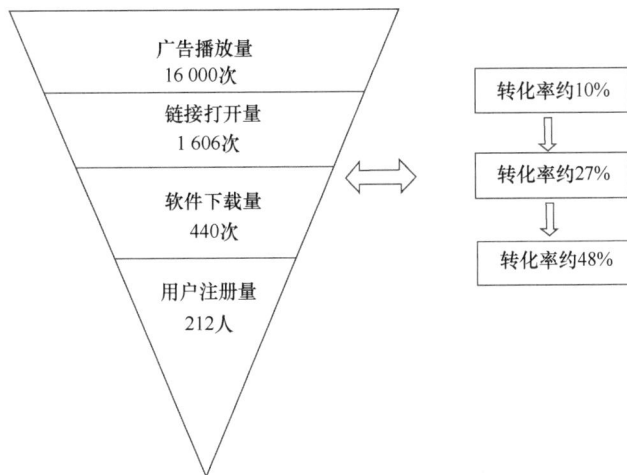

图 3-13　某英语学习软件的销售漏斗

该软件的用户转化路径如下：用户看到广告—打开导流链接—进入软件下载界面—下载并注册。在这个流程中，后面 3 个环节可能会出现用户流失。其中，用户转化率和流失率能够反映导流细节的合理性。

在上面这个案例中，虽然整体的转化率只有约 1.3%，但下载并注册环节的转化率达到了 48%。所以，运营者不应该只盯着整体的转化率，而应该找到用户流失的环节，分析用户流失的原因，从而有针对性地做出改进，从根本上提高最后一个环节的转化率。

◆　案例 2

某服饰类企业于 2024 年中秋节当天在小红书上进行了连续 6 个小时的中秋节主题直播，此次直播的部分数据如表 3-7 所示。

表 3-7　某服饰类企业直播的部分数据

数据指标	数值	数据指标	数值	转化率
直播间总场观	33 089 人	下单人数	961 人	2.9%
人均在线时长	2 分 46 秒	人均成交金额	258 元	—
单品 1 成交人数	377 人	单品 1 浏览人数	2 372 人	15.9%
单品 2 成交人数	156 人	单品 2 浏览人数	2 967 人	5.3%
……				

直播场景的用户转化路径相对简单：用户进入直播间—点击商品链接—付款购买。对于直播场景，运营者不仅要关注整体转化率，即下单人数占直播间总场观的比例，还要关注具体单品对应的转化率。

在上面这个案例中，虽然单品 2 的浏览人数（点击商品链接的人数）多于单品 1 的浏览人数，但单品 2 的转化率远低于单品 1，原因可能在于：单品 2 虽然更能吸引用户点击商品链接，但由于价格过高，或差评太多，其下单人数远没有单品 1 的下单人数多。

总之，用户转化路径会对转化效果产生很大的影响，运营者需要关注用户在各个环节的转化情况，不断对转化路径进行优化。

三、影响付费转化的几大因素

要想提高最终的转化率，运营者需要优化转化路径的每个环节。这里以前面的案例 1 来展示如何提高转化率，如表 3-8 所示。

表 3-8　案例 1 转化率优化措施

数据指标	数值	转化率	分析	措施
广告播放量	16 000 次	—	播放量达账号日常平均水平	提升开头 3 秒的吸引力，加快内容节奏
链接打开量	1 606 次	约 10%	广告没有吸引力；广告引导效果不佳；链接不明显、标题不对应；链接出现的时间不合适	优化广告内容，从用户关心的利益点入手；强化下载引导；调整链接的显示设计
软件下载量	440 次	约 27%	软件下载步骤太多；界面跳转不够流畅；界面设置吸引力不强	简化下载步骤；加快界面跳转速度；优化下载界面
用户注册量	212 人	约 48%	注册步骤烦琐；注册条件过多；注册界面的用户体验感不佳	简化注册步骤和注册条件；强调注册福利和利益点；优化注册界面，使其更吸引人

上面是针对具体场景的转化率优化。对于企业来说，其销售渠道、销售途径和销售平台复杂多样，企业有必要从整体战略层面来提高自身产品的转化率。这一般涉及以下因素。

1. 产品基本属性

一般而言，每个产品都有价格、品牌、创始人/代言人、外观/包装、附加价值、售后服务、销售平台、用户体验感等 8 种基本属性。不同用户在购买不同产品时，对这些产品的不同基本属性有不同的要求。例如，一些用户在购买食品和化妆品时，出于安全考虑，会比较看重产品的品牌；在购买首饰等装饰品时，则更看重产品的外观。运营者可以通过九宫格法，依次在每个方格内罗列产品的基本属性，找出产品在每种属性下的优势，如图 3-14 所示。

价格	品牌	创始人/代言人
外观/包装	产品基本属性	附加价值
售后服务	销售平台	用户体验感

图 3-14　产品基本属性九宫格

运营者可以从中找到最具特色和竞争力的几个优势，并在产品推广与用户转化过程中重点突出和强调这些优势。

2. 优惠活动

一个有趣的活动能吸引用户的关注，一项有吸引力的优惠政策能增强用户的购买意愿。因此，企业有必要每年甚至每季度开展一定的优惠活动，来激励用户购买。

3. 用户评价

目前的内容平台和电商平台都引入了用户评价机制。当用户无法准确判断产品能否达到商家宣传的效果时，其他用户的评价便会成为重要的参考依据，帮助用户降低决策成本。因此，维护用户评价变得格外重要，有时候，1 个差评带来的负面影响可能超过 10 个好评产生的正面影响。

4. KOL 或 KOC[①] 推荐

因为信任权威人士的专业意见，一些用户可能会选择购买权威人士推荐的产品。所以，企业可以选择与产品所在领域的 KOL 或 KOC 合作，通过付费的方式，邀请其帮助宣传产品。

5. 消费场景

对于同样的产品，由于消费场景不同，用户可能会做出不同的购买决策。以生鲜类产品为例，用户考虑到保鲜问题，往往更倾向于在线下渠道购买。如果想在线上渠道销售生鲜类产品，运营者应该重点宣传物流速度和保鲜包装，以此打消用户的顾虑，同时突出产品产地直发、质量更好等优势。

运营者应该学会代入用户的购买场景和使用场景，分析用户在不同场景下的不同需求，制定相应的运营和转化策略。

课堂讨论

在抖音上随机找一个汽车品牌账号，分析该账号的用户转化路径（从接收营销信息到最后成交），并分析影响成交的关键因素。

任务总结

拉新、促活、留存都是为用户转化服务的。要想精准地评估用户转化效果，需要先设计考核指标，如转化率、购买频率、付费用户的平均付费金额、活跃用户的平均付费金额、生命周期值等；然后设计转化路径，尽可能降低每个环节的用户流失率。在转化路径中，影响付费转化的因素有产品基本属性、优惠活动、用户评价、KOL 或 KOC 推荐、消费场景等。

---

① KOC：Key Opinion Consumer，即关键意见消费者，指能影响自己的朋友、粉丝，使其产生消费行为的消费者。相比于 KOL，KOC 的粉丝相对较少，影响力更小，优势是更垂直，与 KOC 合作成本更低。

任务七　用户整合

同时管理多个新媒体平台的用户具有一定难度，因此运营者应做好用户整合。

用户整合即将不同来源的用户数据、互动记录和体验信息整合到一个统一的系统或平台中，以便更好地理解和管理用户，为用户提供优质的服务和体验，实现更高效的转化。

一、构建用户体系

构建用户体系在用户运营的各个阶段都是非常必要的，能帮助企业减少资源占用，制定精准的运营策略，有效整合用户数据。

1. 减少资源占用

企业的资金、人力等资源都是有限的，将同样的资源投入不同的用户群体时，企业可能会获得不同程度的回报。如果想提高资源回报率，企业就应当把有限的资源更多地分配给更具价值的用户。

因此，构建用户体系的第一个作用是避免资源浪费，防止同一个用户被不同的营销渠道反复"骚扰"，避免运营者做无用功。

2. 制定精准的运营策略

运营者构建用户体系之后，能更方便地区分用户，制定精准的运营策略。例如，针对会员用户和普通用户，营销的重点和方式都应该有所区别。

3. 有效整合用户数据

构建用户体系有助于企业收集、清洗、整合用户数据，建立一个全面、准确的用户数据库。这样，企业在进行用户分析、用户触达、用户分级等操作时，就会有可靠的数据支持。

例如，实行会员制，将不同新媒体平台的用户统一引导到企业店铺或小程序中，以注册会员为门槛给予福利，集中管理用户信息。以瑞幸为例，瑞幸的用户虽然遍布全网，但大多数用户是通过 App 或小程序完成点单的。

又如，以区域为单位，以区域内实体门店为触点，建立区域粉丝群、会员群等，采用企业微信进行社群运营，结合其他运营工具，实现由点到面的高效管理。格力就结合经销商渠道，建立了全国多个地区的粉丝群，每当格力官方举办大型活动时，这些粉丝群都能贡献较大的流量。

二、设计用户层级

设计用户层级就是将用户按照价值进行分类，运营者可以借助 RFM 模型来完成。所谓 RFM 模型，即通过最近一次消费时间（Recency）、消费频率（Frequency）、消费金额（Monetary）3 个指标组成矩阵来评估用户价值的模型。RFM 模型是衡量用户价值和用户创利能力的重要工具。

根据 RFM 模型，运营者可以将用户划分为重要价值用户、重要保持用户、重要发展用户、重要挽留用户、一般价值用户、一般保持用户、一般发展用户、一般挽留用户 8 个级别，如表 3-9 所示。

表 3-9　根据 RFM 模型划分的用户等级

用户类型	R——最近一次消费时间 （时间越近，分值越高）	F——消费频率 （频率越高，分值越高）	M——消费金额 （金额越大，分值越高）
重要价值用户	高	高	高
重要保持用户	高	低	高
重要发展用户	低	高	高
重要挽留用户	低	低	高
一般价值用户	高	高	低
一般保持用户	高	低	低
一般发展用户	低	高	低
一般挽留用户	低	低	低

　　RFM 模型普遍适用于多数企业，但为了使其更贴近企业的实际情况，运营者还需要对细节进行调整。

1. 变更参考依据

　　RFM 模型一般以用户的购买情况为核心参考依据，但有的企业需要以用户的其他行为为依据来进行用户划分。例如，一些内容平台需要重点关注用户对产品的使用频率及时长，就可以把"R""F""M"3 个指标调整为最近一次打开时间、打开频率及浏览时长。

2. 提前设定阈值

　　RFM 模型记录的是定性评估的数据，而不是每名用户具体的购买金额。其主要作用是把价值相当的用户归类。

　　在使用 RFM 模型前，运营者可以设定一个阈值。例如，规定近一个月在企业每消费 100 元，M 值就涨 1 分。具体的阈值需要根据企业的具体情况及用户的整体消费情况设定。

三、对用户进行分级维护

　　在运用 RFM 模型完成用户分级后，运营者还需要针对不同的用户制定不同的维护策略。例如，淘宝根据用户消费情况筛选出有购买力的高淘宝值用户，针对这部分用户推出了"88VIP"会员机制，用户只需花费 88 元，就可以获得一年的会员权益，如购物折扣等，如图 3-15 所示。

　　这种方式旨在挑选出有购买力的用户，向他们出售会员服务，再以多项权益将用户留在平台进行长期消费，从而使平台与用户建立更紧密的联系。

1. 灵活制定运营策略

　　用户分级运营并不是将企业的有限资源向特定用户倾斜。在实际的运营工作中，核心运营方向可能会不断调整。例如，运营者分析数据后发现，现阶段企业的重要发展用户（即 F 值和 M 值都较高，但 R 值较低的用户）占比非常大，这说明可能存在重要用户大量流失的情况，这时就需要对这部分用户进行重点维护，制定促活和召回的方案。而在其他情境下，重点维护对象则可能是另一批用户。

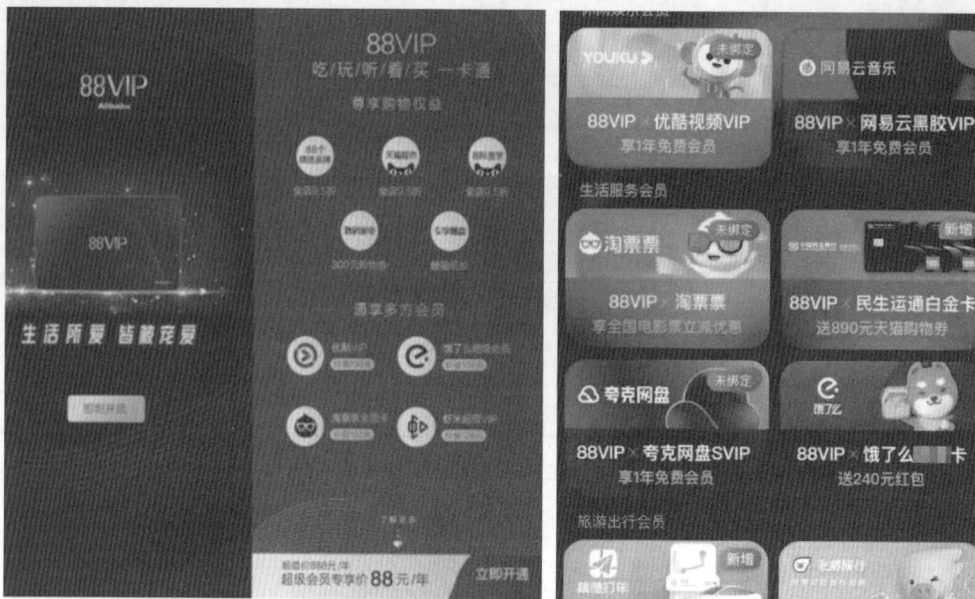

图 3-15　淘宝的 88VIP 会员权益

整体而言，运营者重点关注和维护的用户可能是随时变化的，对每一级用户的运营策略也可能是随时变化的。

2. 根据企业情况调整级别数量

根据 RFM 模型，运营者可以将用户分为 8 级，但如果有些企业用户数量较少或自身运营能力有限，运营者可以根据实际情况缩减用户级别数量，将其调整为 5 级甚至更少。

课后思考

假设你是一家实体餐厅的老板，你会如何进行到店用户的体系构建和数据整合？

任务总结

同时管理多个新媒体平台的用户具有一定难度，因此运营者应做好用户整合。构建用户体系能帮助企业减少资源占用，制定精准的运营策略，有效整合用户数据。运营者可以根据 RFM 模型将用户划分为 8 个级别，并在此基础上对用户进行分级维护。

项目实训：分析某公众号的用户运营四大板块

1. 实训背景

公众号运营是企业新媒体运营中较为基础的一项工作，也是很多运营者入职后必须掌握的一项技能。一个成功的公众号不仅需要有高质量的内容，还需要采用有效的用户运营策略来吸引新用户（拉新）、激活沉默用户（促活）、保持用户黏性（留存）及实现用户价值最大化（转化）。

通过深入分析某公众号在这四大板块的具体运营策略，学生能够理解和掌握用户运营的核心技巧，为未来从事新媒体运营工作打下坚实基础。

2. 实训目的

- 深入理解用户运营的四大板块（拉新、促活、留存、转化）的概念及重要性。
- 学会收集、整理和分析公众号用户运营数据。
- 掌握评估和优化用户运营策略的方法。
- 提升解决实际问题的能力，如根据用户行为调整运营策略。
- 培养团队协作与沟通能力，通过小组合作完成实训。

3. 实训要求

① 全班同学按照 4～6 人一组分成多个小组，每组选出一名组长，并选择一个具有代表性的公众号作为研究对象，确保该公众号在四大板块均开展了运营工作。

② 各组登录相关数据分析平台（如微信公众平台、新榜等），熟悉其基本功能和数据获取方式。

③ 各组统计四大板块的数据，并对数据进行初步分析。

拉新：了解该公众号的拉新渠道（如菜单栏设置、内容引流、合作推广等），评估各渠道的拉新效果，记录关键数据（如新增关注数、关注来源比例等），并分析哪种拉新渠道效果最佳。

促活：研究该公众号的促活措施和策略（涉及信息推送、互动活动、个性化推荐、社群分享等方面），分析用户活跃度（如打开率、互动率等）的变化趋势。

留存：考察该公众号的留存措施（涉及内容质量、用户关怀、会员体系等方面），计算用户留存率，分析留存率的关键影响因素。

转化：探讨该公众号的转化路径（涉及广告投放、产品销售、直播带货等方面），评估转化率及用户价值，分析转化成功的案例。

④ 小组内进行策略总结并提出优化建议。基于数据分析，各组总结该公众号在四大板块的运营策略的亮点与不足，并提出针对性的优化建议，包括但不限于创新内容、增加用户互动、优化留存机制、提高转化率等方面。组长将相关内容整理成一份详细的报告，并向全班展示。

⑤ 老师评价与反馈。老师从全面性、深度、创新性和实用性等角度对各组的报告进行综合评分，选出 1～2 个优秀小组进行表彰。全班同学进行经验分享，讨论不同公众号用户运营策略的异同，以及如何在不同情境下灵活应用这些策略。老师应鼓励学生提出个人见解，探讨未来新媒体用户运营的新趋势和挑战。

项目总结

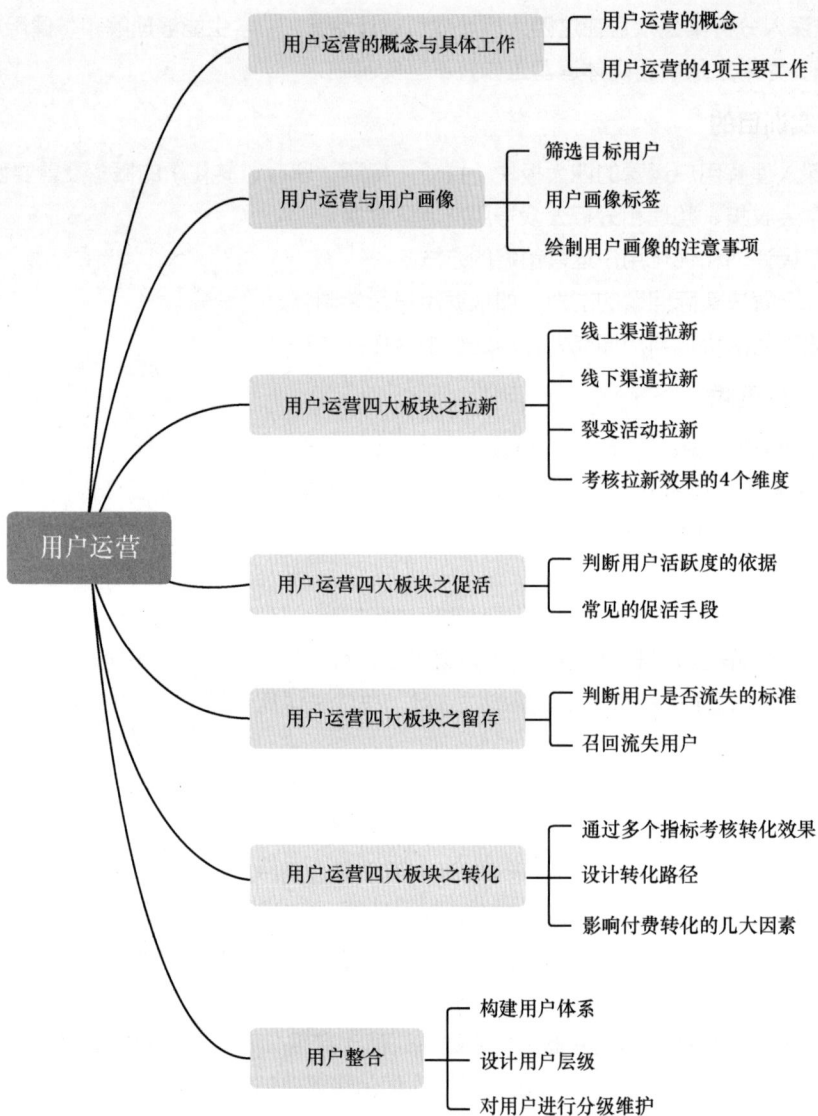

- 用户运营
  - 用户运营的概念与具体工作
    - 用户运营的概念
    - 用户运营的4项主要工作
  - 用户运营与用户画像
    - 筛选目标用户
    - 用户画像标签
    - 绘制用户画像的注意事项
  - 用户运营四大板块之拉新
    - 线上渠道拉新
    - 线下渠道拉新
    - 裂变活动拉新
    - 考核拉新效果的4个维度
  - 用户运营四大板块之促活
    - 判断用户活跃度的依据
    - 常见的促活手段
  - 用户运营四大板块之留存
    - 判断用户是否流失的标准
    - 召回流失用户
  - 用户运营四大板块之转化
    - 通过多个指标考核转化效果
    - 设计转化路径
    - 影响付费转化的几大因素
  - 用户整合
    - 构建用户体系
    - 设计用户层级
    - 对用户进行分级维护

PART 04

项目四
内容运营

【项目导读】

在抖音上，一个爆款视频可能使一个旅游景区的游客数量暴增；在小红书上，一篇优质的好物推荐笔记可能使一个品牌在短时间内卖断货……这样的案例在新媒体时代屡见不鲜。如今，每个人都可以成为内容的创造者和传播者。而掌握了内容运营的技巧，就意味着获得了一定的传播影响力和话语权。

本项目将围绕内容运营展开，包括内容运营的能力要求及内容定位、内容创作的主要流程、内容运营中的关键数据等方面，旨在帮助大家全面掌握内容运营的精髓与要义。

知识目标

➤ 了解如何确定内容定位。

➤ 了解内容创作流程，学会利用 AI 创作内容。

➤ 了解内容运营中的关键数据。

➤ 了解让用户主动传播内容的手段。

素养目标

➤ 建立新媒体环境下的文化认知。

➤ 明确内容创作的方向和目标，确保内容既符合市场需求，又符合国家导向。

➤ 培养将科技创新与传统文化结合的内容创作能力，展现文化自信与创新精神。

➤ 注重传播内容的社会影响，承担起新媒体运营者的社会责任，传播正能量，促进社会和谐。

任务一　内容运营的能力要求及内容定位

向用户提供内容是新媒体平台的服务之一。不同的平台会向用户提供不同类型的内容。抖音的视频、公众号的文章、企业在朋友圈发布的活动海报、淘宝针对某个产品设置的详情页等都属于内容，如图4-1所示。

图4-1　不同平台的内容

一、内容运营的能力要求

要想做好内容运营，运营者一般需要具备以下几种能力。

1. 识别和采集优质内容的能力

内容运营工作要求运营者熟悉各大新媒体平台的规则，关注优质同行账号，通过大量阅读和分析优质内容来积累经验和素材，从而具备识别和采集优质内容的能力。

2. 热点洞察能力

内容运营工作经常需要运营者借助热点提高内容的曝光度。由于热点的热度持续时间通常较短，因此运营者需要密切关注各大新媒体平台，在热点出现后，能够迅速从中找到与品牌或产品相关的角度，完成内容的创作及发布。

3. 内容创作能力

运营者不仅要能够撰写高质量的原创文章，还要能够根据不同的内容形式，如图片、音频、视频等，进行相应的创作和编辑工作。对于一些特定领域，如科技、时尚、美食等，运营者需要进行深入的研究和分析，以提供更专业、更实用的内容。

4. 熟练使用内容编辑工具的能力

运营者应能熟练使用常见的内容编辑工具，以此提高工作效率。

不同内容编辑功能需求对应的常见内容编辑工具如表 4-1 所示。

表 4-1　常见的内容编辑工具

功能需求	工具
图片处理	Photoshop、美图秀秀
海报制作	创客贴、稿定设计、PPT
图文排版	135 编辑器、秀米、壹伴、PPT
视频处理	剪映、Premiere
H5 制作	秀米、易企秀、iH5、MAKA

5. 内容推广能力

内容发布后，运营者要运用各种推广手段，如社交媒体分享、私域激活、搜索引擎优化、广告投放等，将内容传播给更广泛的用户群体。

6. 数据分析能力

运营者必须具备数据分析能力，在内容发布后对其数据进行分析。运营者需要明确在内容发布后应该监测哪几项数据，并通过相关工具进行数据采集和分析，了解内容是否符合用户需求，寻找优化内容的方法。

二、内容定位

内容定位是指内容的创作方向。确定内容定位是内容运营的第一步，找准内容定位可以让后续的工作事半功倍。

1. 根据目标用户确定内容定位

企业期望通过内容运营向目标用户推送信息，实现品牌宣传和产品销售的运营目标。所以，运营者应该根据目标用户的需求来确定内容定位，创作目标用户感兴趣的内容。

案例

　　A 企业以线下餐饮业务为主，其开展内容运营的最终目标是宣传线下店铺，售卖团购套餐或优惠券，吸引用户到店消费。那么，其新媒体账号就需要吸引对美食感兴趣的本地用户，发布与本地美食相关的内容。

　　B 企业销售年轻女性时尚服饰，那么其新媒体账号应将年轻女性作为目标用户，发布的内容要与年轻女性时尚服饰相关。

　　运营者可以为产品绘制详细的用户画像，再根据用户画像确定内容定位。

2. 确定内容领域

新榜、蝉妈妈等数据平台显示，美食、美妆、搞笑、影视、旅游、萌宠、音乐、运动、舞蹈、游戏、汽车、家居、时尚、情感、房地产等领域目前较为热门，相关内容在各个短视频平台占比较大。

各领域可以细分为众多子领域，如科技领域可以细分为科普、通信、软件、物联网等多个子领域，部分子领域还可以继续细分。运营者可以对目标用户可能感兴趣的内容进行梳理，通过层层细分的方式找到合适的内容领域。

3. 确定内容风格

内容风格一般包括严谨正式、搞笑幽默、温馨励志、喜剧夸张、文艺复古、古灵精怪、科幻奇幻、童话寓言、浪漫言情、户外探险、纪实报告、历史传奇、都市生活、悬疑推理等类型。

相同的内容通过不同的方式呈现，会形成不同的风格。新媒体账号在形成自己独特的内容风格后，更容易给用户留下深刻的印象。运营者应该思考哪一类风格与内容领域和目标用户更契合，更有利于内容的呈现。

> **案例**
>
> 某旅行自媒体账号的视频常常给人以"浪漫""童话""梦境"般的感受。该账号擅长挖掘与旅行目的地相关的热门影视作品、小说或独特故事，并融入自己的感受，打磨出内容深刻且画面唯美的旅行视频。同时，该账号还善于将旅行中的所见所闻与人生哲理结合，用深刻的语言解读生活的真谛。这种独特的风格使得该账号的视频一直都有不错的数据表现，如图4-2所示。
>
>
>
> 图4-2 某旅行自媒体账号的视频画面
>
> 所以，运营者在确定内容领域及内容风格时需要注意，内容领域应尽量保持垂直，避免分散，内容风格应尽量鲜明，这样才能帮助用户快速建立对新媒体账号的认知，并使新媒体账号吸引的用户更加精准。

4. 确定内容定位的注意事项

运营者在确定内容定位时，需要注意以下两个方面。

① 避免照搬内容定位

运营者可以观察分析同行账号的内容定位，将其作为自己确定内容定位的参考依据，但不可照搬。只有有特色、有价值的内容和账号，才能受到用户的喜爱和市场的认可。

② 避免随意更改内容定位

内容定位在确定之后不可随意更改，否则会影响内容运营的效果。不过，如果后期账号的运营目标出现变化，运营者可以根据实际情况对内容定位进行细微调整。

案例

　　某户外高端产品品牌在运营短视频账号初期，将其定位为短视频剧情类账号，依靠搞笑的剧情实现快速"涨粉"。但运营团队发现账号粉丝多为大学生，与目标用户不符，难以实现用户转化，所以决定调整定位，转型做旅行类账号。然而转型后，大量粉丝取关账号，这让运营团队进退两难……

　　上述案例中，该账号的内容定位存在两个问题：一是初期定位不准，运营团队没有根据目标用户确定内容定位；二是运营团队后期随意更改内容定位，导致原有用户群体快速流失，新内容得不到认可。

课堂讨论

　　假设你现在要为一个中老年服饰品牌运营短视频账号，从内容运营的角度考虑，你会如何确定该账号的内容定位？

任务总结

　　要完成内容运营工作，运营者需要具备识别和采集优质内容的能力、热点洞察能力、内容创作能力、熟练使用内容编辑工具的能力、内容推广能力和数据分析能力。在实际的内容运营工作中，运营者要根据目标用户确定内容定位，在此基础上，确定内容领域和风格，同时要避免照搬内容定位和随意更改内容定位。

任务二　内容创作的主要流程

　　完整的内容创作流程一般包括素材整理、选题策划、内容策划、内容撰写、内容优化、内容发布、内容传播、数据监测 8 个环节。在此基础上，掌握利用 AI 创作内容的技巧，能大大提高内容创作的效率。

一、素材整理

　　充足的素材是内容创作的前提，还能提高内容创作的效率。运营者在内容创作过程中往往需要使用大量素材，而收集素材通常会耗费较多时间。如果提前建立素材库，并经常进行素材储备，就能有效提高内容创作的效率。素材一般可以分为以下 3 类。

　　第一类是运营者可以直接使用的素材，主要包括企业内部的资料，如产品资料、活动资料、过往数据等，还包括一些经过授权的图片、音频、视频等。

　　第二类是经过运营者加工的素材，主要包括一些已公开的案例、故事、热点和数据等。

　　第三类是运营者可以学习和借鉴的优秀作品，作品中的部分内容可以为运营者提供创作灵感。

运营者应在日常生活及工作中养成收集、储存素材的习惯，将素材分门别类地储存在素材库中，以便在需要时及时取用。常见的素材储存方式有以下5种。

1. 储存到新媒体平台收藏夹

运营者需要在目标新媒体平台阅读大量同类账号发布的内容，及时进行学习和总结。看到有价值的内容后，可以直接运用平台的收藏功能对内容进行分类收藏。

2. 储存到微信收藏夹

微信作为一款用户基数大、使用频率高的软件，其生态内的内容数量及质量不容小觑。运营者在微信中看到或接收到一些有价值的资料时，可以直接将其收藏到微信收藏夹中。微信收藏夹还有标签功能，运营者可以设置不同的标签，对内容进行标记，以便后续查找。

3. 储存到计算机/手机备忘录及相册

多数计算机和手机有备忘录及相册，运营者可以在其中储存文字及图片形式的内容。备忘录的使用相对方便，运营者可以在备忘录中随时记录、编辑自己的想法和灵感。

4. 储存到网络云盘

网络云盘可以在不占用设备内存的情况下储存资料。运营者可以用网络云盘保存一些较占内存的素材，或者在储存了较多素材后将素材迁移至网络云盘中进行保存。

5. 使用笔记类软件储存

笔记类软件和备忘录类似，但功能更加全面，能满足运营者更深入的素材储存需求。常见的笔记类软件有印象笔记、有道云笔记、石墨文档、OneNote 等，各软件功能存在些许差异，运营者可以根据自己的实际需求进行选择。

需要注意的是，运营者应经常对素材库进行更新和整理，清理一些可能不会再用到的素材，以保证在查找素材时更加高效。

二、选题策划

运营者在创作内容前，要先确定好选题再动笔，而不是一时兴起，想到一句写一句。所以，选题策划就是围绕"写什么内容"做好规划。

运营者应尽量提前完成选题策划，避免因时间仓促而导致无法精准找到用户可能感兴趣的选题。运营者可以制作选题策划表，规划出一段时间内的内容选题，并将其作为下一阶段的内容运营总纲，如表 4-2 所示。

表 4-2　某账号的选题策划表

时间	内容形式	推送时间	内容选题	暂拟标题
星期一	视频	18:00	产品测评	热门粉底液测评
星期二	图文	21:00	皮肤保养	××群体必知的护肤步骤
星期三	视频	18:00	美妆教程	提升温柔感的清透眼妆教程
星期四	图文	18:00	口红试色	9支豆沙色口红合集
星期五	图文	18:00	购买推荐	24款防晒霜选购指南
星期六	图文	21:00	妆容分享	3款适合出行的妆容分享

运营者可以通过以下 5 种方式完成选题策划。

1. 抓住用户的痛点及需求

运营者可以基于目标用户画像梳理出目标用户的痛点和需求，并以痛点的解决方案作为选题来规划内容。围绕用户的痛点和需求能够梳理出很多优质的选题。例如，对于很多正在学习英语的用户而言，背单词困难是常见痛点之一。运营者可以通过在小红书和知乎等新媒体平台搜索关键词"背单词"，找到很多帮助提高背单词效率的内容，这些内容都是围绕用户背单词困难这一痛点创作的，其中不少内容有着较高的热度，如图 4-3 所示。

图 4-3　小红书上的英语学习类内容

2. 建立选题关键词库

在高频输出内容的情况下，运营者很容易陷入灵感枯竭的困境。为避免这种情况发生，运营者可以尝试在平时整理行业常见关键词，建立选题关键词库，以便在策划选题时，从关键词库中进行挑选，从而提高策划效率。

运营者可以用搭建逻辑框架的方式整理行业常见关键词，先确定一个核心关键词，再围绕该关键词进行延伸。例如，某美食类账号在建立选题关键词库时，可以先以"养生食谱"为核心关键词，再围绕这一关键词延伸出更多选题关键词，如图 4-4 所示。

3. 借势热点

很多运营者喜欢"蹭"热点，也就是围绕当下的热点事件创作内容，让内容有机会获得更多曝光。

微博是很多热点事件和话题的集散地，其中不仅有实时热搜榜，还有文娱榜、同城榜和要闻榜等，如图 4-5 所示。运营者在微博热搜榜单上找选题时，应尽量浏览到第 50 条，以免错过某些合适的选题。

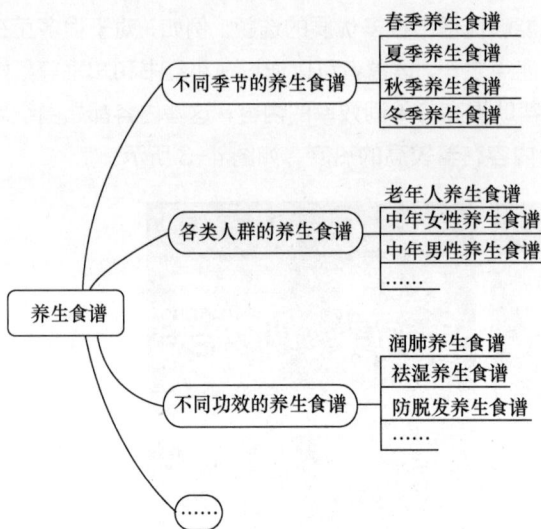

图 4-4　某美食类账号的选题关键词库示例

图 4-5　微博热搜榜单

借势热点是内容运营中常用的手段，但借势热点不能脱离账号的定位，即不能为了"蹭"热点而发布一些与账号定位无关的内容。当热点事件发生时，运营者需要先判断能否在该热点中找到与账号定位相关的选题角度，再决定是否要借势该热点进行内容创作。

4．借势节日

运营者可以通过借势节日来策划选题，这包括两个方面。一方面，借势传统节日，如春节、中秋节、端午节等；另一方面，借势父亲节、母亲节、儿童节、世界读书日等其他热门节日。

例如，对于母亲节，情感类账号和剧情类账号可以以母爱为主题进行选题策划；美食类账号可以以"母亲节，适合做给妈妈的一道美食"为选题创作视频；美妆类账号可以以"母亲节，这些美妆产品适合送给妈妈"为选题创作一期好物推荐视频。

5．同行内容分析

运营者可以关注一些优质的同行账号，即"竞品账号"，对其过往的内容进行分析，筛选出近期互动数据表现较好的内容，并提炼这些内容的选题关键词。当多个同行账号的多条优质内容中都出现相同或相近的选题关键词时，则说明该选题关键词对应的可能是目标用户感兴趣的内容。

此外，运营者还可以跨平台关注一些同领域"大V"。例如，很多"大V"每天都更新5条以上的内容，其中可用的素材很多，运营者可以从中获取灵感并将其改编成短视频脚本。

三、内容策划

选题策划是阶段性的内容设计，主要考虑的是"写什么"的问题；而内容策划则是更具体的内容设计，主要考虑的是"怎么写"的问题。

以创作一个短视频脚本为例，要将一个想法或选题落实到脚本中，通常需要实施以下3个步骤。

1. 确定主题

在撰写短视频脚本前，运营者需要先确定短视频的主题，再根据这一主题进行创作。

例如，某短视频的主题是"工作3年工资翻3倍，我做对了什么"，那么，在创作短视频脚本时要紧紧围绕这个主题，切勿跑题、偏题等。

2. 搭建框架

确定短视频的主题后，运营者需要进一步搭建短视频脚本的框架，设计短视频中的人物、场景、事件等要素，如下所示。

人物："我"——采用第一视角和第一人称。

场景：公司、出租屋。

事件：3年前，"我"大学毕业后独自来到北京，入职一个月后因为工作中的一个失误而被辞退；而后两年多，"我"通过学习职场沟通技巧和目标管理技巧，在职场逐步实现了晋升，工资在第三年翻了3倍。

这是一个非常简单的框架，以叙事手法搭建。如果能在脚本中加入多样的元素，会达到更好的效果。

技巧1：加矛盾。

例如："我"最开始出现的工作失误是和上司沟通不畅造成的。

技巧2：加对比。

例如：一个同为应届毕业生，却快速获得上司赏识的同事，与"我"形成了鲜明对比。

技巧3：加戏剧性的反转结尾。

例如：在工作的第三年，"我"凭借一个成功的项目在行业内小有名气，前公司向"我"抛出橄榄枝，邀请"我"回去工作，但"我"拒绝了。

这些元素能够丰富短视频的内容，使主题更加突出。

3. 填充细节

细节决定成败，能打动人心。脚本需要包含丰富的细节，这样才能使短视频内容更加丰富、饱满。

例如，在为以"工作3年工资翻3倍，我做对了什么"为主题的短视频脚本搭建好框架后，可以填充这样的细节：刚毕业时，"我"的工资只有5 000元/月，"我"住在北京一间15平方米的地下室里，房间里的空调年久失修、动力不足，还经常漏水，床铺每天都会被淋湿一大片。

从确定主题到搭建框架，再到填充细节，只要完成这3个步骤，基本上就能完成内容策划。

四、内容撰写

在完成内容策划后，内容的轮廓就逐渐清晰起来。此时，运营者可以开始撰写内容。下面以公众号文章、小红书笔记、短视频脚本为例，简要讲解内容撰写知识。

1. 公众号文章

一篇完整的公众号文章一般包括标题和封面、开头、正文、结尾 4 个部分。

① 标题和封面

用户在浏览标题和封面时，注意力停留时间极短。如果标题和封面无法快速引起用户注意，用户往往会直接划走。所以，标题和封面是影响文章打开率的关键因素。运营者可以建立标题和封面素材库，日常注意收集优质的标题和封面，总结其中可圈可点之处，逐渐形成可套用的公式。

② 开头

用户对标题和封面产生兴趣后，往往也会对内容产生期待。因此，开头部分的内容需要及时满足用户的预期，这样用户才会继续阅读后续的内容。在文章的开头部分，运营者可以详细描述用户的痛点，引发用户共鸣。如果正文内容较长，运营者也可以在开头处进行重点介绍和内容预告。

③ 正文

正文内容应该与标题呼应，避免出现"题文不符"的情况。除了权威媒体的通告、严谨的科普文章，对于一般的公众号文章，建议运营者通过诙谐的语言风格、丰富的案例及图文并茂的形式增强文章的趣味性和可读性，从而提高文章的完读率、互动率、关注率等。

④ 结尾

运营者可以在文章的结尾引导用户互动，也可以向用户介绍账号的定位、账号优质内容合集、账号能提供的价值，以及后续将更新的内容等。好的结尾能有效提高用户的互动率，让用户对账号产生好感。

2. 小红书笔记

在小红书上，标题和封面很大程度上决定了一篇笔记是否被用户打开，它们是影响内容传播的关键因素。

① 标题：眼前一亮

标题是决定用户是否愿意点击查看笔记详情的关键因素之一。如果一篇笔记的标题不能在短时间内吸引用户的目光，那么它的打开率将非常低。

如何写出吸引人的标题呢？很重要的一点是要在标题中设置场景。新手运营者其实可以尝试套用标题公式，如落差公式和结果公式来创作标题。

公式一：落差公式。

落差公式，顾名思义，是指突出前后落差，如前半句结果好，后半句结果不好，或者前半句结果不好，后半句结果好。

常见的以这个公式创作的标题如下。

《反复长痘？用急救去痘法，快速消痘不留印》

《职场"小白"？掌握这 3 个技巧，迅速成为核心员工》

《考了几次都没考上？使用这个学习方法助你成功"上岸"》

公式二：结果公式。

结果公式要突出结果。用这个公式创作标题，要营造具体的场景，让某件事情具体化，这样才能更好地突出结果。

　　常见的以这个公式创作的标题如下。

　　《2分钟搞定的美味早餐，学会之后可以多睡10分钟》

　　《每天一刻钟，有效改善勾肩驼背》

　　《学会做这个底料，你就是厨房小达人！》

　　② 封面：赏心悦目

　　下面介绍4种在小红书上使用率比较高且比较受用户欢迎的封面，如表4-3所示。

表4-3　小红书上的4种封面

封面类型	作用	案例
海报大片型封面	带给用户强大的视觉冲击力，让用户感受到高级和美好	
拼贴式封面	展示较多元素，多用于美食盘点、好物"种草"、旅游攻略、穿搭分享等内容	

封面类型	作用	案例
对比类封面	通过对比展现积极的改变，引起用户的好奇	
文字信息类封面	适用于"干货"分享等类型的笔记，旨在快速吸引用户注意力	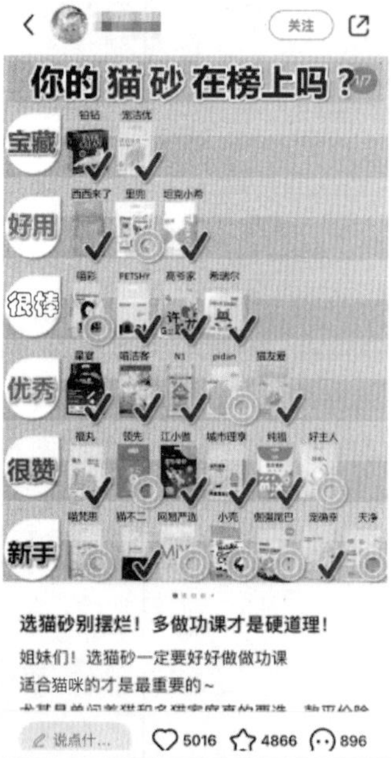

③ 正文："干货"满满

在小红书上，攻略型内容很受欢迎。所谓攻略，就是指用户希望通过阅读一篇笔记，找到解决一件事的办法，例如旅游前应该准备哪些东西，或者有哪些"坑"可以避开。与攻略相关的笔记最需要突出的就是实用性。所以，运营者要多从实用性角度出发，为用户提供更多的"干货"，如图4-6所示。

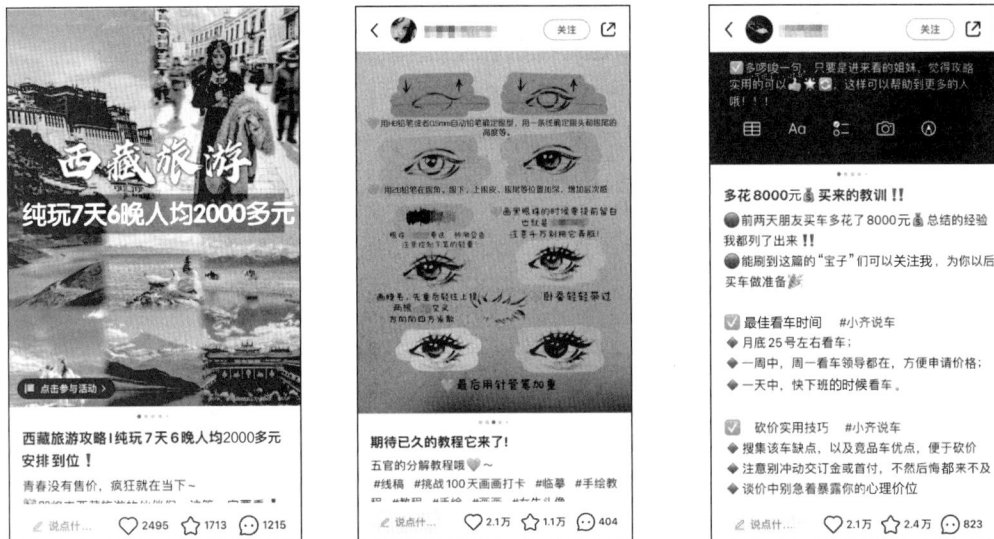

图 4-6 小红书上的"干货"类笔记

3. 短视频脚本

短视频脚本既是前期摄影师拍摄的依据，又是后期制作人员剪辑的依据。表 4-4 所示为某短视频脚本。

表 4-4 某短视频脚本

视频主题：地三鲜的多种表达
出镜人物：服务员、顾客
拍摄地点：某餐馆内

镜头	景别	人物与动作（拍摄画面）	台词
1	固定镜头，近景，仰拍	餐馆内，服务员手上拿着笔和纸，询问顾客	"小姐，要不要试一下我们的特色菜地三鲜？"
2	固定镜头，近景，俯拍	顾客对服务员说	"不要地三鲜。"
3	固定镜头，近景，仰拍	服务员手上拿着笔和纸，对顾客说	"好的，没问题，那我们为您准备炒茄子、土豆和青椒。"
4	固定镜头，近景，俯拍	顾客对服务员说	"能不能不用炒的方式？"
5	固定镜头，近景，仰拍	服务员手上拿着笔和纸，对顾客说	"好的，没问题，那我们将烹饪方式改为将少许油加热后放入青椒、茄子和土豆，然后搅拌。"
6	固定镜头，近景，俯拍	顾客对服务员说	"我不想吃土豆。"
7	固定镜头，近景，仰拍	服务员手上拿着笔和纸，对顾客说	"好的，没问题，那给您把土豆换成马铃薯。"
8	固定镜头，近景，俯拍	顾客对服务员说	"今天我还是想吃西餐。"
9	固定镜头，近景，仰拍	服务员手上拿着笔和纸，对顾客说	"好的，没问题，那为您准备普罗旺斯切块马铃薯，里面可能有一些青椒作为辅料。"

续表

镜头	景别	人物与动作（拍摄画面）	台词
10	固定镜头，近景，俯拍	顾客对服务员说	"我还是吃日料吧。"
11	固定镜头，近景，仰拍	服务员手上拿着笔和纸，对顾客说	"好的，没问题，茄子、马铃薯、青椒综合串烧，帮您拆串放在一起，您看可以吗？"
12	固定镜头，近景，俯拍	顾客对服务员说	"嗯，行。"
13	固定镜头，近景，仰拍	服务员对着厨房（或收音）喊了一声	"好的，3号桌地三鲜一份。"

不同类型的短视频对脚本的精细程度要求不一样，但再精细的脚本也不外乎包含视频主题、台词与旁白、人物与动作、分镜头场景、背景音乐这5个要素。运营者在撰写短视频脚本时，可以按照这5个元素对其进行拆解，最大限度地还原自己大脑中预设的画面。

五、内容优化

为保证内容质量，运营者在完成内容撰写后，不要急于发布，还应该进行内容优化。运营者需要养成对已经撰写完成的内容进行检查和修正的习惯。对于比较重要的内容，可以在小范围内进行用户反馈测试。

1. 内容检查修正

内容一经发布，便会吸引用户查看，甚至可能广泛传播。如果内容中出现严重的错误或不恰当的言论，轻则影响运营效果，给用户带来不好的体验；重则直接影响企业在用户心中的形象，对企业造成长期的负面影响。因此，运营者在发布内容前一定要仔细检查，出现以下情况时，需要及时进行修正。

- 内容中有错别字及错误的标点符号等。
- 内容有可能侵权（如侵犯肖像权、隐私权、知识产权等）。
- 内容涉及敏感话题，不符合社会主义核心价值观，或者可能让人产生不适感。
- 内容中有偏激、消极、不健康的观点或言辞。
- 内容不符合平台规范。

2. 用户反馈测试

运营者可以将内容发给企业内部团队或部分微信好友，在小范围内进行用户反馈测试，并询问他们的阅读感受。如果得到的反馈不好，运营者可以及时对内容进行调整和优化。

微信公众平台支持将已排版的预览内容进行转发，运营者可以利用这一功能进行用户反馈测试。

六、内容发布

在内容定稿以后，运营者就可以在新媒体平台发布内容。

1. 明确发布时间与频率

运营者可以通过代入目标用户的阅读场景来确定内容的发布时间。例如，职场类内容的目标用户主要是职场人士，因此，运营者可以考虑在职场人士的通勤时间段（早上7:30—9:00及下午5:30—7:00）内发布内容。

另外，运营者的账号最好保持稳定的更新频率和更新时间，以培养用户的阅读习惯。一些运营者会在账号主页注明内容更新的具体时间，如"每周三更新""每周五直播"等，提示用户准时观看。

2. 多平台分发

如果企业在多个新媒体平台运营账号，运营者往往会将同一内容在多个平台进行分发。由于各平台规则存在差异，运营者需要据此对内容做出调整，以避免违反平台规则导致账号受到处罚。

另外，在多个平台发布内容的时间不宜间隔太久，以防内容被他人盗用并提前在其他平台发布，否则可能导致运营者发布的内容被平台误判为抄袭，账号权重降低。

七、内容传播

内容的传播情况将直接影响内容运营的效果，内容的传播范围越广，企业就越有可能实现内容运营目标。运营者可以通过以下3种方式提高内容被传播的概率。

1. 多平台搭建账号矩阵

企业可以在多个平台搭建账号矩阵，以更快地提升自身影响力。这是因为企业在某个平台的账号影响力提升后，也可能带动其在其他平台的账号影响力提升，使内容被更多用户看到并获得认可，获得更多的宣传机会，从而使企业的内容运营工作更加高效。

2. 付费推广

在很多新媒体平台，运营者可以通过付费让平台将内容推送给更多用户，这可以帮助企业在粉丝数量有限的情况下获得更多的曝光。

付费推广的内容必须经过精心打磨，这样才能给用户留下深刻而良好的印象，否则通过付费触达的用户只能带来一次性流量。如果内容质量过硬，企业支付少量费用实现第一轮曝光后，内容就可能被用户广泛传播，进而获得更多流量。

3. 账号"互推"

"互推"是一种成本低且效果较好的内容推广方式。运营者可以找到一些目标用户相同且粉丝数量相当的账号，与这些账号进行互相推广，让内容在彼此的用户群体中获得更多曝光。

八、数据监测

内容发布以后，运营者需要收集和整理各项数据，并通过数据分析对内容运营的效果进行评估。

运营者通常可以在新媒体平台的后台获取基础数据，如公众号的后台、抖音的创作者中心等。但多数新媒体平台为运营者提供的数据都比较简单，运营者如果想获取更加详细的数据，可以借助一些专业的数据分析平台。例如，飞瓜数据是一个视频数据分析平台，它能够为运营者提供抖音、快手、B站等平台账号的详细数据。在抖音版的飞瓜数据中，运营者可以查看人气数据、带货数据等多项数据，如图4-7所示。

图 4-7 抖音版的飞瓜数据页面

九、利用 AI 创作内容的技巧

下面以文心一言为例，介绍利用 AI 创作内容的技巧。

1. 基本操作

① 注册与登录

在 PC 端浏览器中搜索"文心一言"，找到官方网站后单击"体验文心一言"，就可以注册账号了，如图 4-8 所示。注册完成后，单击登录并输入账号密码，即可进入主页。

图 4-8 在浏览器中搜索"文心一言"

② 输入指令

注册并登录成功后，在主页的底部对话框中随意输入提示词，就可以开始和 AI 对话了，如图 4-9 所示。例如："帮我生成一篇关于 XXXX 的公众号文章"，然后单击发送按钮，就可以看到 AI 的回复了。目前，文心一言的免费版本最多支持一次性输入 2 000 字，输出 1 600 字。

图 4-9　文心一言对话框

　　文心一言的对话记录支持复制、分享等操作。只要使用同一个账号，文心一言会自动保存之前的对话记录，并在页面左侧形成对话记录列表。

2. 提示词

　　提示词指的是用户向 AI 发出的指令，用于指导其生成特定内容。提示词主要包括以下几种。

* 关键词提示词

　　新手大多使用关键词提示词，示例如下。

> "健身方法""旅游穿搭""四级考试""早餐搭配"。

　　这类提示词只描述了一个大概的范围，由于描述不够精准，AI 给出的答案大概率会泛泛而谈。

* 短语提示词

　　短语提示词相比关键词提示词稍微具体和细致一些，能够传达更多细节，示例如下。

> "自行车的发展历史""北京 3 天的旅游攻略""新媒体发展的历史"。

　　相较于关键词提示词，短语提示词能够提供较为具体的方向，让 AI 生成的内容更具针对性。

* 句子提示词

　　句子提示词则提供了更为详细和完整的情境描述，有助于 AI 生成更为精确和连贯的内容。句子提示词示例如下。

> 示例 1："我现在需要撰写一篇关于秋季穿搭的小红书笔记，请你根据小红书爆款笔记的特点，帮我想 5 个具体的笔记主题，并给出对应的标题。"

示例 2：“请你描述一只猫在雨后的夜晚悠闲漫步的画面。”

示例 3：“我是一名新闻学专业的学生，现在需要撰写毕业论文，请你帮我想 5 个有新意的论文主题，且给出论文题目。”

以示例 1 为例，文心一言生成的答案如图 4-10 所示。

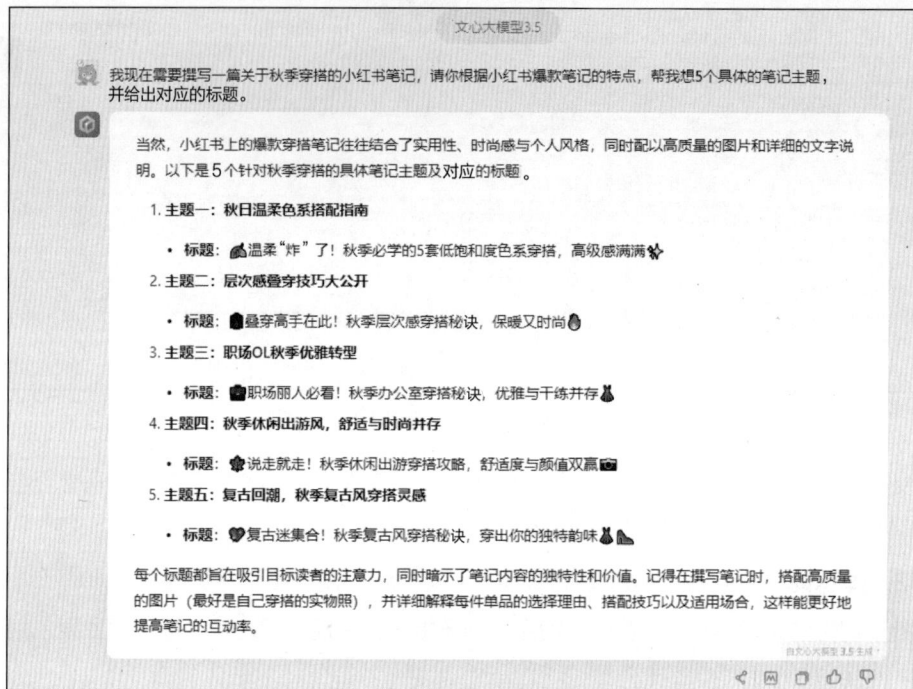

图 4-10　文心一言根据示例 1 生成的答案

- 结构化提示词

提示词有很多种类型，但如果想要得到的答案质量更高，有必要掌握结构化提示词的用法。使用结构化提示词时，需要交代清楚以下信息。

背景——如“我是一名传播学专业的大二学生，现在需要撰写一份暑期实践报告”。

任务——如“请你以××电视台×××栏目的实习为背景，帮我完成这份暑期实践报告”。

要求——如“要求字数在 1 000 字以上，按照以下报告模板来完成”。

结构化提示词的结构可以总结为“背景+任务+要求”。

示例如下。

我是一名传播学专业的大二学生，现在需要撰写一份暑期实践报告。（背景）

请你以湖北电视台“经视直播”栏目的实习为背景，帮我完成这份暑期实践报告。（任务）

要求字数在 1 000 字以上，按照“实践概述—实践内容与成果—实践感悟与收获—总结与展望”的顺序展开。（要求）

使用结构化提示词得到的答案会更详细。

必要的时候，用户还可以赋予 AI 特定的角色，使 AI 快速理解其需求，输出风格更合适的内容，示例如下。

> 请你扮演一名公众号爆款文章创作者，帮我完成一篇公众号文章，要求为……

> 你是一名擅长做新媒体营销的操盘手，现在需要策划一场某美妆品牌的新品宣传活动……

总之，提示词越清晰、越具体，AI 给出的答案就越详细，越能满足用户的需求。

3. 其他功能

除了生成文本内容，现如今很多 AI 工具还可以生成图片、表格、视频等形式的内容，为运营者提供更多内容素材。

例如，在文心一言中输入以下提示词。

"帮我生成一个关于"4·23"世界读书日的宣传视频脚本，要求时长在 1 分钟左右，针对大学生群体，以故事呈现，尽可能生动形象，体现读书的重要性，并以表格的形式呈现。"

文心一言生成的脚本（部分）如图 4-11 所示。

《4·23世界读书日》短视频脚本（约1分钟）				
时间节点	画面描述	音效/背景音乐	文案/旁白	拍摄建议
0:00 - 0:05	清晨的大学图书馆外，阳光洒在门口，镜头缓缓推进。	轻柔钢琴音乐、鸟鸣声	（旁白）"清晨六点，有人已经走进了知识的海洋。"	使用慢镜头，营造宁静氛围
0:06 - 0:10	大学生坐在窗边看书，手中拿着一本经典文学书（如《百年孤独》）。	翻书声、轻音乐继续	——	特写书名，展现阅读状态
0:11 - 0:15	切换到另一个场景：男生在宿舍熬夜赶论文，焦躁不安，桌上堆满资料但无从下手。	心跳声、打字声	"有时候，我们面对问题，却找不到答案。"	表情特写，突出焦虑感
0:16 - 0:25	回忆闪回：他在图书馆中翻阅书籍，找到了关键文献，眼睛一亮。	钟表滴答声 + 音乐上扬	"而书籍，总会在你最需要的时候，点亮那盏灯。"	快速剪辑，情绪转折明显
0:26 - 0:35	展示不同学生在不同场景阅读：教室、操场草地、咖啡馆、夜灯下……	温暖旋律	"每一本书，都是通往世界的窗口。"	多样化场景切换，体现阅读多样性
0:36 - 0:45	学生们围坐讨论书籍，交流心得，脸上洋溢着笑容。	笑声、交谈声	"分享阅读，让思想碰撞出更多火花。"	使用手持镜头增强真实感

图 4-11　文心一言生成的脚本（部分）

又如，在文心一言中输入"帮我生成一张图片，图片内容为'海上生明月，天涯共此时'"，可以直接得到一张图片，如图 4-12 所示。

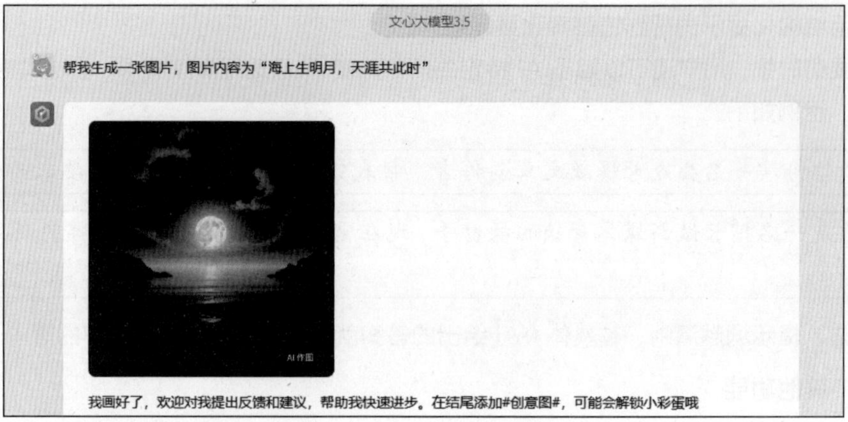

图 4-12　文心一言生成的图片

此外，单击文心一言首页左侧的"智能体广场"，可以看到很多插件，部分如下。

- 览卷文档——上传文档到文心一言，让文心一言进行解读或总结。
- 思维导图——让文心一言结合提示词生成思维导图。
- AI PPT——让文心一言结合提示词生成 PPT。
- E 言易图——让文心一言结合提示词生成图表，如条形图、饼图等。

课堂讨论

你用过哪些 AI 工具？请分享你用它们创作的作品和你的心得体会。

任务总结

完整的内容创作流程一般包括素材整理、选题策划、内容策划、内容撰写、内容优化、内容发布、内容传播、数据监测 8 个环节。在此基础上，掌握利用 AI 创作内容的技巧，能够大大提高内容创作的效率。

任务三　内容运营中的关键数据

一般而言，运营者通过数据分析可以评估内容运营的效果。内容运营中常见的关键数据有以下 5 种，运营者可以根据实际情况选择需要重点关注的数据。

一、内容点击率

内容点击率是指内容被点击的次数与被显示次数之比，点击率越高，说明内容对用户的吸引力越强。用户只有点击了内容，才能完成观看、互动、关注、转发、购买等一系列行为。所以，提高内容点击率是内容运营过程中非常重要的一环。

各新媒体平台对内容的展示方式不同，所以影响内容点击率的关键因素也可能不同。例如，公众号头条文章的标题占据显眼位置，因此标题是影响点击率的关键因素，公众号运营者需要重视标题的优化。小红书则更注重笔记封面的展示，封面图在主页中占比比较大，对点击率会产生较大的影响，因此小红书账号的运营者应重点对笔记封面进行优化。

运营者想提高内容点击率，首先需要确认在账号所属的新媒体平台中影响内容点击率的关键因素有哪些，再有针对性地进行优化。

二、完播/完读率

完播/完读率是衡量内容质量的重要指标之一，它是指在所有浏览内容的用户中，完整浏览全部内容的用户所占的比例。

有的新媒体平台会直接在后台向运营者展示这一数据。例如，在抖音创作者中心，运营者可以看到单个作品的完播率数据，如图 4-13 所示。

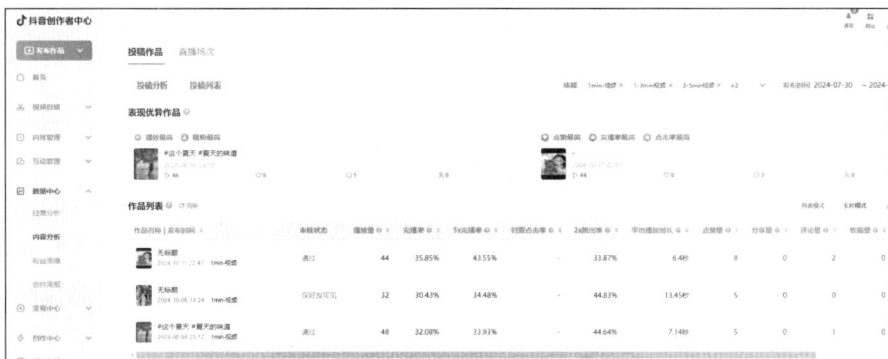

图 4-13　抖音创作者中心的完播率数据

一般而言，影响完播/完读率的因素有以下 4 个。

1. 内容质量

内容质量是影响完播/完读率的首要因素，因为只有优质的内容才能让用户停留。因此，一些新媒体平台会将内容的完播/完读率作为判断内容质量高低的依据，对于内容完播/完读率较高的账号，平台可能会向其分发更多的流量。

2. 内容长度

内容长度直接关系到用户浏览时间的长短：如果内容的篇幅过长，可能导致完播/完读率降低；如果内容的篇幅过短，可能会导致内容质量的降低。

不同的新媒体平台适合的内容长度可能不同。例如，将一个 5 分钟的长视频分别投放于主打长视频的 B 站和主打短视频的抖音，该视频在 B 站的完播率大概率会高于抖音。运营者在确定内容定位时，就要分别为发布在不同平台的内容规划长度。

3. 用户精准度

不同类型的用户有不同的内容偏好，向过多的非目标用户推送内容也会影响内容的完播/完读率。

运营者应根据账号所在的垂直领域创作和发布内容。垂直领域的内容更容易吸引对该领域感兴趣的用户，平台也会对账号长期以来发布的内容进行分析，给账号打标签，以便后续将该账号发布的内容推送给更多拥有同类型标签的用户。由此可见，账号的标签越明确，其发布的内容越容易吸引目标用户，内容的完播/完读率也越高。

4．用户期待值

用户对后续内容的期待值越高，其浏览完整内容的可能性越大。所以，运营者可以在标题或内容的开头让用户对后续内容产生期待，以提高内容的完播/完读率。示例如下。

"这5种适合普通人的副业你一定要了解，尤其是最后一种……"

"今天教大家做椒盐基围虾，文字版详细制作过程放在最后，记得点赞、收藏……"

"国内适合情侣旅游的五大景点，我猜最后一个你一定没去过……"

"今天来测评一下这款拉面，视频结尾有福利。"

"今天这个视频很长，但是看完你就不用再去别处了解社保知识了。"

三、阅读互动率

阅读互动率是指在浏览内容的用户中，完成点赞、收藏、评论等互动动作的用户所占比例。怎样提高阅读互动率呢？可以从以下几个方面入手。

1．在评论区引导互动

有时候，用户本来无意评论，但在评论区看到某些话题后，往往会产生互动意愿。

运营者可以在评论区发起话题，引导用户做选择，如"赞成××的评论'1'，赞成××的评论'2'，让我看看分别有多少人"；向用户提问，如"你身边也有这样的故事吗？说给我听听"；激发用户的分享欲，如"@你最珍惜的那个人，让他/她知道你的心意"。

案例

图4-14所示为某账号发布的夕阳美景短视频及其评论区，博主发起话题——"可以分享你手机里的天空吗"，于是用户纷纷在评论区晒出自己拍摄的夕阳照片。该视频在评论区热度的助推下，登上了抖音的热门榜单。

图4-14 夕阳美景短视频及其评论区

2. 在内容中设置一定的讨论点

示例如下。

"……这件事你怎么看？"

"……你们那里的豆腐脑是甜的还是咸的呢？"

"……大家有什么想问的，可以在评论区留言。"

"……这 3 种做法，你赞同哪种？"

"……你身边也有这样的人吗？快@他。"

3. 点赞/发布"神评论"

"神评论"是指那些一语中的、一语惊人，有夸张效果的评论，如图 4-15 所示。"神评论"可以促进用户传播内容。

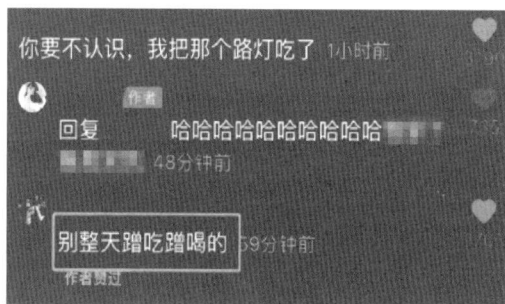

图 4-15　"神评论"

运营者可以多准备一些"神评论"及其回复，当内容发布后，利用自己的账号或者让团队成员去发表"神评论"，然后再用企业的账号回复，从而营造围观效果。

4. 尽可能多回复

在时间充足的情况下，运营者要尽可能多地回复用户的评论，让用户感觉到自己被看见，从而增强互动的积极性，为内容带来更多的流量。

四、粉丝增长数

企业的新媒体平台账号的粉丝就是企业的潜在用户，有转化和变现的可能。所以运营者在新媒体运营工作中需要经常关注粉丝数的增长情况。在内容发布后，运营者也可以根据粉丝数的增长情况判断内容质量，粉丝数的增长速度通常与内容质量呈正相关。

如果内容的曝光量、互动量都比较理想，粉丝数的增长速度却比较缓慢，运营者可以考虑从以下 4 个方面进行优化。

1. 保持稳定的更新频率

用户关注一个账号的主要目的是希望之后能看到类似的内容。以稳定频率持续更新高质量内容的账号更有被关注的价值。如果账号长时间不更新内容，用户大概率会取消关注。

2. 发布垂直领域的内容

用户在关注账号前，可能会进入账号主页查看之前发布的内容。如果账号发布的内容类型杂乱、主题过多，且其中用户感兴趣的内容占比过小，那么该账号同样难以吸引用户关注。

3. 形成自己的风格和特点

在内容同质化严重的当下，用户面对太过相似的内容容易产生审美疲劳。账号发布的内容如果拥有自己的风格和特点，则更容易让用户对账号产生好感。

4. 多提供"干货"

用户关注账号往往是因为希望从中获取有价值的信息。因此，运营者在策划选题时，应注重提供实用性强、具有指导意义的"干货"内容。这类内容能够直接解决用户的问题，满足其实际需求，从而提升用户对账号的信任度和依赖度。例如，运营者可以分享行业内的专业知识、实用技巧、独家见解等，让用户感受到账号的专业性和实用性，进而提升用户的忠诚度。

五、购买转化率

购买转化率是指在看到内容的用户中，最终购买产品的用户所占比例，它直接影响企业的收益。

购买转化率受很多因素的影响，如选品、价格、宣传文案等。想提高购买转化率，运营者需要先了解用户的转化路径中每个节点的数据。例如，用户在小红书浏览某篇关于秋季穿搭的笔记时，发现该笔记的发布者推荐了某品牌的裤子，然后通过底部搜索提示栏进入该品牌的营销页，打开营销页后即进入购买页面，然后就可以直接购买产品。从接收该品牌的营销信息到购买产品，用户需要完成 3～4 步的转化路径，如图 4-16 所示。

图 4-16　某小红书笔记对应的转化路径

此外，运营者还需要关注用户转化路径中每一个环节的相关数据。例如，运营者首先要通过对笔记标题和封面进行优化来提高笔记的打开率；其次需要优化笔记的正文，以提高产品详情页的打开率；最后再思考哪些因素会影响用户进入产品详情页后的购买转化率。

> **课堂讨论**
>
> 如果某个产品关联的内容（如短视频）播放量/阅读量很高，完播率也很高，但是购买转化率很低，可能的原因有哪些？

任务总结

运营者通过数据分析可以评估内容运营的效果。内容运营中的关键数据有内容点击率、完播/完读率、阅读互动率、粉丝增长数、购买转化率。

任务四　让用户主动传播内容

在"信任经济"愈发流行的当下，身边好友的传播与推荐往往比企业的宣传更有用。用户之间的口碑传播，因其具有真实性和可信度，往往能更有效地触达潜在用户。但用户不一定会主动传播自己喜欢看的内容、阅读量高的内容，那些让用户主动传播的内容其实需要经过巧妙的设计。

一般而言，让用户主动传播内容的手段有以下 4 种，运营者可以根据实际情况选择合适的手段，促使用户积极参与内容传播。

一、利益引导

利益引导是指通过给予用户实物奖品或虚拟奖品的方式，引导用户传播内容。在奖励较有吸引力的情况下，利益引导能有效增强用户传播内容的意愿。

通过利益引导让用户主动传播内容一般适用于企业的营销活动宣传、新品宣传等场景。提供优惠券、折扣、赠品或参与抽奖的机会等实际利益，可以激发用户的分享动力。例如，一些电商平台推出"分享给好友，双方均可获得优惠券"的活动，利用用户希望获得实惠的心理，促使他们主动传播。

这种手段的关键在于确保提供的利益对用户有足够的吸引力，能够激发他们的分享欲望，使他们快速扩散内容信息，帮助运营者达到"涨粉"、销售产品等目的，如图 4-17 所示。

为使用户传播内容的意愿更强，运营者需要做到以下几点。

① 深入了解用户的需求和偏好，以确保提供的利益与他们的兴趣匹配。

② 提供具有吸引力的利益，但要注意控制成本，避免过度投入，确保活动的可持续性。一般发放优惠券、满减券等虚拟奖品的成本更可控。

图 4-17　利益引导相关案例

③ 遵守平台规则。部分新媒体平台会对平台内的利益引导行为进行限制。例如，小红书就明确规定，禁止账号运营者通过利益引导用户点赞、关注、收藏、评论等。运营者需要关注平台规则，切勿违反平台规则。

利益引导也有一定的局限性，不能高频使用。内容运营的核心是靠优质内容吸引用户关注，短期的利益虽然可以引导用户帮助传播内容，让内容在短期内获得大量曝光，但如果内容质量不佳，或者用户对内容、产品或品牌并非真正认可，利益引导最终也不会取得良好的效果。

二、塑造形象

在新媒体时代，个人形象的塑造和展示变得尤为重要。很多用户都乐于塑造爱学习、爱生活、富有爱心等积极正面的形象，而通过分享某些特定内容，可以从侧面展示自己的品位、价值观或生活方式。所以，如果某些内容能帮助用户塑造这样的形象，其被用户传播的概率就会大幅提高。运营者可以创作与这些方面相关的高质量内容，使用户在分享时能感受到自我形象的提升。

例如，一些培训机构、健身房等会利用用户的这种心理，设计社交媒体打卡活动，鼓励用户在朋友圈打卡分享。由于学习、健身等行为有助于塑造正面形象，用户参与这类活动的积极性相对较高，如图 4-18 所示。

图 4-18　打卡案例

同样，一篇关于热点事件的深度分析文章，或一个展现独特文化视角的视频，都可能吸引那些希望展现自己品位和生活态度的用户。为了吸引用户分享，运营者需要做到以下几点。

① 深入了解用户的喜好和追求，精准把握用户的品位、价值观和生活方式，据此发布更易被用户主动传播的内容。例如，如果用户是追求健康生活的年轻人，那么发布关于健康饮食、运动健身等方面的内容，就更有可能吸引他们分享。

② 注重内容的独特性和创新性。见解独到且有深度的内容能够吸引用户的注意，并促使他们与他人分享，以展示自己的独特品位。

③ 强调品位和质感。强调品位和质感的内容能够吸引那些希望展现自己高雅品位和精致生活的用户。例如，运营者可以发布一些高质量的图片、视频或音频，这些内容能够给用户带来视觉或听觉上的享受，并让他们觉得分享这些内容能够展示自己的品位。

④ 与用户进行互动。引导用户评论、点赞、转发等，能够增强用户的参与感，进而使他们更愿意分享这些内容，以展示自己的形象。

三、引发共鸣

很多时候，文章中的一两句话、视频中的某个场景就可能让用户产生共鸣，此时他们往往会忍不住与他人分享这些内容。

不过，一个内容很难引发所有用户的共鸣，一般只能吸引其中某一类群体。那么，运营者要做的就是构建用户画像，精准把握目标用户的心理，进而产出能引发他们共鸣的内容。

要想引发用户的共鸣，运营者可以参考以下思路。

① 深入了解用户的情感需求和痛点，以真挚的情感和感人的故事触动用户的心弦。例如，一篇讲述普通人奋斗故事的文章，或一个探讨社会热点问题的视频，都可能因引发用户共鸣而被广泛传播。

② 注重内容的情感表达和故事性。通过讲述真实、感人且富有细节的故事，或者探讨与用户切身利益相关的热点问题，可以激发用户的情感共鸣，进而促使他们与他人分享这些内容。

③ 注重语言的亲和力和感染力。用通俗易懂、富有感染力的语言表达观点和情感，可以更容易地打动用户，激发他们的分享欲。

课堂互动

找出近期让你产生共鸣的内容（公众号文章、小红书笔记、短视频、微博等均可），并分析让你产生共鸣的原因。

四、内容利己/利他

在各大新媒体平台，存在一类具有一定实用性的内容，如旅游攻略、学习教程、科普知识、生活小妙招等。这些内容有可能给用户及其身边人带来帮助，因此也容易被用户转发，如图 4-19 所示。

图 4-19　实用性内容示例

运营者想提高实用性内容被传播的概率，需要注意以下 3 点。

1. 内容具备专业性

内容应该具备一定的专业性。运营者应避免输出未经求证的"伪科学"内容，同时避免经常使用同一账号发布不同领域的内容，否则容易使用户产生账号及其发布内容不专业、不可信的感受。

2. 内容具备实用性

内容应该具备实用性，且与目标用户的需求相符。如果过分追求专业性，导致内容过于深奥和晦涩，就会令用户"望而生畏"，削弱其浏览和转发的欲望。

3. 内容的深度和长度合理

内容需要有一定的深度和长度，因为如果内容过于简单，可能会降低内容被收藏、转发的概率。一些运营者会在内容的开头提示用户"该内容质量较高且篇幅较长，阅读完需要较长的时间，建议转发或收藏"，这种方式也可以引导部分用户提前转发或收藏内容。

课后讨论

你最近一次分享到朋友圈的内容是什么？你是出于什么心理分享该内容的？

任务总结

让用户主动传播内容的手段有以下 4 种：利益引导、塑造形象、引发共鸣、内容利己/利他。

项目实训：用 AI 创作一篇公众号文章

1. 实训背景

随着 AI 技术的不断进步，AI 在内容创作领域的应用日益广泛。尤其在公众号文章写作方面，AI 能够辅助生成高质量的文章，提高内容生产效率。对于新媒体专业的学生来说，利用 AI 创作公众号文章是未来在职场中需要掌握的一项重要技能。

当前，市场上已有多款 AI 写作工具。这些工具能够根据给定的关键词、主题或用户画像，自动生成文章框架、段落甚至完整的文章。然而，要创作出真正具有吸引力的公众号文章，运营者还需要融入自己的创意。本实训旨在通过实践，让学生亲身体验 AI 在公众号文章创作中的应用，并探索 AI 与个人创意结合的最佳方式。

2. 实训目的

- 熟悉并掌握至少一款 AI 写作工具的基本操作和使用方法。

- 学会根据目标用户和主题，有效利用 AI 生成公众号文章初稿。
- 培养创新思维，将 AI 生成的文章与个人创意结合，优化文章内容。
- 加深对新媒体内容创作趋势的理解，特别是了解 AI 在内容创作领域的应用前景。
- 增强团队协作能力，通过小组讨论和合作，共同完成文章的最终版本。

3. 实训要求

① 工具选择

全班统一选定一款 AI 写作工具（或由老师指定），每名学生需独立完成注册、登录等操作，并熟悉其基本功能和操作界面。

② 分组与主题确定

按照 4~6 人一组的原则分组，每组选出一名组长，并选定一个具体的公众号文章主题，如"职场软技能提升""职场人士健康生活指南""科技产品评测""××旅行攻略分享"等，确保主题具有吸引力和实用性。

③ 生成文章初稿

基于选定的主题，利用 AI 写作工具生成公众号文章初稿，初稿应包含标题、引言、正文、结尾等部分。

④ 创意融合与优化

小组成员共同讨论，结合个人创意，对 AI 生成的文章进行修改和优化，确保文章内容逻辑清晰且富有创意，同时充分考虑用户的兴趣和需求。

⑤ 文章定稿与排版

每组对文章进行定稿和排版，确保文章格式规范、易于阅读，同时准备相关的 PPT 或文档。

⑥ 展示与互评

每组派代表在班级中进行 PPT 或文档展示，介绍文章的创作过程、AI 与个人创意的结合点，以及预期的效果。展示结束后，展开小组互评，从创意性、实用性、逻辑性、用户吸引力等方面进行评价，并相互提出改进建议。

⑦ 老师总结与点评

老师根据各组的表现，总结 AI 在公众号文章创作中的优势与局限，强调人机协作的重要性，并对各组的表现进行综合评价，选出 1~3 个小组，让其分享成功经验和创新点。

⑧ 后续探讨

老师应鼓励学生思考 AI 在未来新媒体内容创作中的更多可能性，探讨如何将个人创意与 AI 相结合；同时，引导学生关注公众号文章的推广和运营策略，为未来从事新媒体运营工作打下基础。

项目总结

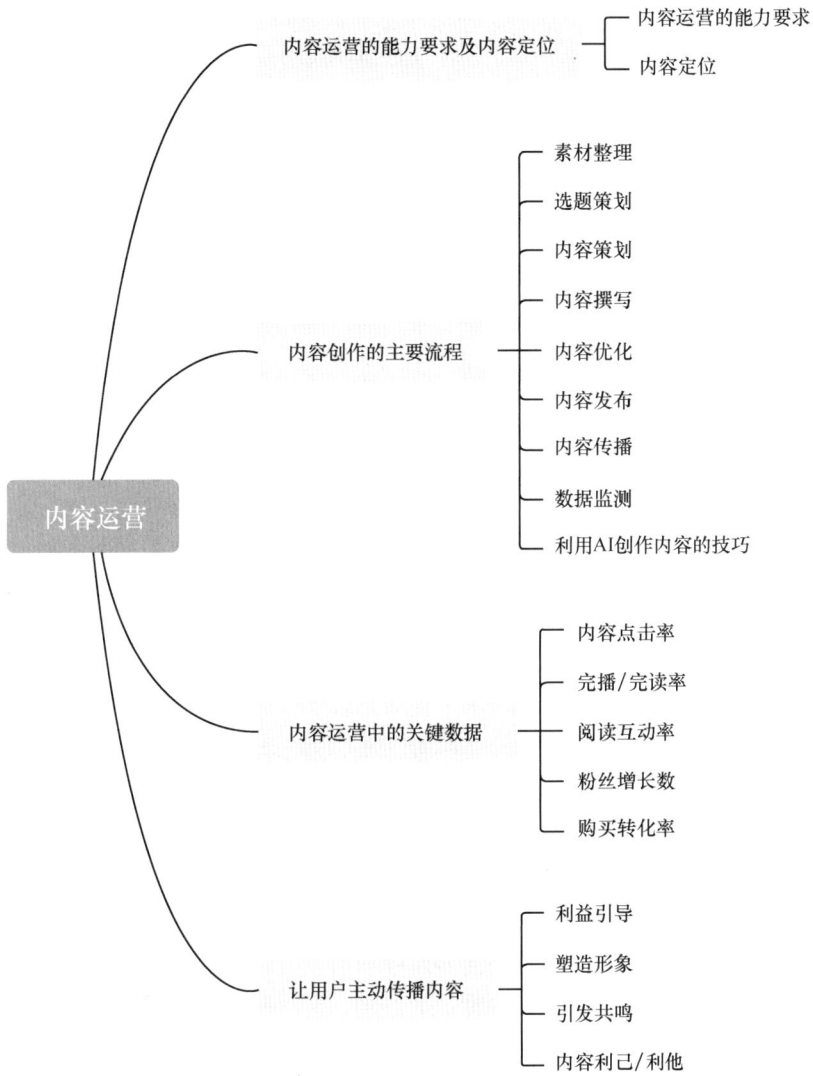

内容运营的能力要求及内容定位 ── 内容运营的能力要求
 └ 内容定位

内容创作的主要流程 ── 素材整理
 ── 选题策划
 ── 内容策划
 ── 内容撰写
 ── 内容优化
 ── 内容发布
 ── 内容传播
 ── 数据监测
 └ 利用AI创作内容的技巧

内容运营中的关键数据 ── 内容点击率
 ── 完播/完读率
 ── 阅读互动率
 ── 粉丝增长数
 └ 购买转化率

让用户主动传播内容 ── 利益引导
 ── 塑造形象
 ── 引发共鸣
 └ 内容利己/利他

内容运营

PART 05

项目五
活动运营

📚【项目导读】

在这个充满变数与机遇的新媒体时代，一次成功的活动足以让品牌声名鹊起，让产品销量飙升。无论是微博上的热门话题挑战，还是朋友圈的裂变活动，抑或是线下商场的展会与游戏活动，每一次活动的成功举办都是新媒体运营者智慧和创意的结晶。

如何通过活动运营实现与用户的有效互动，提升品牌影响力，是运营者需要解决的问题。本项目将带领大家深入了解活动运营，探索那些能够点燃用户激情、推动品牌发展的秘密武器。

本项目将从活动运营的完整流程出发，详细介绍活动策划、活动执行、活动复盘 3 个阶段，以及确定活动目标、确定活动主题与玩法、确定活动规则与成本、准备活动物料与奖品等相关内容。此外，本项目还将教大家如何预估与管控活动风险，以及如何进行活动预热与发布，以及如何确保活动顺利推进。最后，本项目将讲解如何进行活动复盘。通过本项目的学习，大家将掌握活动运营的系统化策略，从而让每一次活动都成为品牌传播的加速器。

知识目标	
	➤ 掌握活动运营的完整流程。
	➤ 学会确定活动目标。
	➤ 了解如何确定活动主题与玩法。
	➤ 掌握制定活动规则、预估活动成本的方法。
	➤ 了解活动预热与发布的相关内容。
	➤ 掌握活动执行过程中的跟进与调整方法。
	➤ 学会复盘活动。

素养目标	
	➤ 树立有关活动运营的正确观念，明确其在推动文化传播与社会互动中的积极作用。
	➤ 培养确定活动目标的能力，确保活动既符合市场趋势又能够传递正能量，引导用户形成积极向上的价值观。
	➤ 在策划活动主题与玩法时，注重创新与传统文化的结合，展现文化自信，同时提升用户的参与感和满意度。

任务一　活动运营的完整流程

活动运营并非单纯构思活动方案并发布活动信息，而是一项系统化的工作。其完整流程可分为 3 个阶段，分别是活动策划阶段、活动执行阶段和活动复盘阶段。运营者需要做好这 3 个阶段的每一项工作，才能最终实现活动运营目标。

一、活动策划阶段

活动运营的第一个阶段是活动策划阶段。在此阶段，运营者需要搭建活动的整体框架，规划好活动运营工作的每个步骤，并完成活动开始前的所有准备工作。活动策划阶段主要有以下 5 项工作。

1．确定活动目标

运营者需要根据企业现状制定合理的活动目标，后续才能根据活动目标采用相应的运营手段。

2．确定活动主题与玩法

运营者需要根据活动目标确定活动主题与玩法，以增强活动对用户的吸引力。

3．确定活动规则与成本

活动规则应包括用户参与活动的条件及用户如何参与活动等信息。运营者需要制定详细的活动规则，并预估活动成本。

4．准备活动物料与奖品

运营者应该在活动前罗列出活动所需的物料和奖品清单，并准备好相应物料，避免活动中缺失必要的物料。

5．预估与管控活动风险

运营者需要对活动中可能出现的风险进行预估，并制定防范及管控措施，降低风险产生的负面影响，以免影响活动效果。

二、活动执行阶段

活动运营的第二个阶段是活动执行阶段。在此阶段，运营者需要按照活动策划阶段规划的执行步骤确保活动顺利执行，并尽可能提升活动效果。

1．活动预热与发布

从活动预热开始，活动便正式被用户知晓。运营者需要通过活动预热与发布将活动信息传播给尽可能多的用户，提前吸引用户关注，从而增加活动的参与人数。

2．活动推进

运营者要按照活动策划阶段的安排按时推进活动，并做好数据监测和记录；要尽量避免出现失误和差错，如果活动中发生意外情况，要及时处理。

三、活动复盘阶段

活动运营的第三个阶段是活动复盘阶段。在此阶段，运营者需要收集和整理活动数据，并对整场活动进行回顾与总结。通过复盘，运营者可以了解此次活动的优点与不足，以便后续进行调整和改正。

活动复盘的结果对运营者来说非常宝贵。因为活动存在诸多不确定性，运营者的运营思路及运营手段都需要经过活动实践验证后才能确定是否可行及有效。运营者必须重视活动复盘，并吸取通过活动复盘总结出的活动运营经验，不断提升自己的活动运营能力。

课堂讨论

某企业计划通过公众号邀请部分老用户参与一次问卷调查，这算是一场活动吗？运营者是否需要按照活动运营的3个阶段完成这项工作？

任务总结

活动运营是一项系统化的工作，其完整流程分为3个阶段，分别是活动策划阶段（确定活动目标、确定活动主题与玩法、确定活动规则与成本、准备活动物料与奖品、预估与管控活动风险）、活动执行阶段（活动预热与发布、活动推进）、活动复盘阶段（回顾与总结）。

任务二 确定活动目标

活动目的一般包括在短期内拉动产品销售业绩、宣传推广新产品、实现新用户数增长等。活动运营工作需要围绕活动目的开展，运营者采取的所有运营手段都必须指向活动目的。

一、常见的活动目的

常见的活动目的有拉新、促活、转化、传播4种。为实现不同的活动目的，运营者需要设计不同的活动，采取不同的运营手段，如图5-1所示。

拉新活动　　促活活动　　转化活动　　传播活动

图5-1　不同目的的活动

活动目的不同,活动效果的考核指标也不同。拉新活动的考核指标主要有新用户下载数、新用户注册数、粉丝增长数等。促活活动的考核指标主要有活跃用户数、用户在线时长、活动打卡率等。转化活动的考核指标主要有购买转化率、成交金额等。传播活动的考核指标主要有内容转发率、内容阅读数、品牌/产品曝光指数等。

运营者应该根据企业现阶段的发展需求确定活动目的,再结合企业现阶段的实际情况制定合理的活动目标。

二、拆解活动目标

运营者制定活动目标后,还需要对活动目标进行拆解。一场完整的活动是由多个环节组成的,运营者必须做好每个环节的工作,才有可能顺利达成最终的活动目标。运营者可以为活动中的每个环节设定一个目标,再根据每个环节的目标制定相应的运营策略。

例如,运营者策划了一场以使公众号增加 500 个新用户为目标的"涨粉"活动,用户关注公众号并转发指定的公众号文章后即可领取对应的奖励。这场活动包含 4 个环节,如表 5-1 所示。

表 5-1　"涨粉"活动各环节的流程及考核指标

环节	流程	考核指标
环节 1	老用户看到公众号文章,打开文章	老用户文章打开率
环节 2	老用户决定参与活动,并转发文章	已读老用户文章转发率
环节 3	新用户在朋友圈看到老用户转发的文章并点击打开	新用户文章打开率
环节 4	新用户决定参与活动,关注公众号并转发文章	新用户公众号关注率

这场"涨粉"活动的具体效果与老用户文章打开率、已读老用户文章转发率、新用户文章打开率及新用户公众号关注率有关,运营者可以针对这 4 项考核指标分别设定目标,并制定相应的运营策略。

三、用 AI 拆解活动目标

运营者还可以借助 AI 拆解活动目标。以某公众号"增粉"活动为例,参考提示词如下。

> 背景:我们正在策划一场公众号"增粉"活动,旨在帮助职场技能类公众号秋叶 PPT 实现一周内粉丝增长 5 000 名。活动形式是粉丝关注公众号并转发活动文章,凭转发截图找客服领取 PPT 模板资料包。
>
> 任务:现在请你拆解目标。
>
> 要求:明确每个阶段的目标,确保总目标能够达成。注意,只需拆解目标,而不是给出活动策划方案。

AI 的回答如下。

> 目标拆解如下。
> 一、目标设定
> 总目标:一周内粉丝增长 5 000 名。

二、目标拆解

1. 活动宣传阶段

目标：确保活动信息覆盖 10 000 人次。

目标拆解如下。

朋友圈推广：覆盖 4 000 人次。

知乎推广：覆盖 1 000 人次。

QQ 群、微信群推广：覆盖 3 000 人次。

合作公众号"互推"：覆盖 2 000 人次。

2. 活动参与阶段

目标：确保 5 000 人参与活动。

目标拆解如下。

每名参与者平均转发给 5 人，预计需 1 000 人参与转发。

考虑到转化率（假设转化率为 2/3），实际需吸引 1 500 人参与活动。

3. 粉丝转化阶段

目标：确保 1 500 名参与者带来 5 000 名粉丝。

目标拆解如下。

每名参与者平均带来 3 名新粉丝（假设每名参与者转发给 5 人，其中 3 人关注公众号），因此，1 500 名参与者可带来 4 500 名新粉丝。

为确保达成粉丝增长 5 000 名的目标，需额外吸引 500 名粉丝（可通过其他渠道或活动裂变等方式）。

三、具体策略

1. 活动宣传阶段

制作活动海报、文案，并设置转发话术。

制定朋友圈、微博、QQ 群、微信群等渠道的推广时间表。

寻找合作公众号，洽谈"互推"事宜。

2. 活动参与阶段

优化活动流程，确保参与者能够轻松操作。

监控活动数据，及时调整推广策略。

设置奖品领取门槛，以此提高参与者的积极性。

3. 粉丝转化阶段

优化公众号内容，提高粉丝留存率。

设计后续互动活动，提升粉丝活跃度。

剩余的 500 名粉丝可通过以下方式获取。

（1）开展线上分享会，邀请行业大咖开展讲座。

（2）举办有奖问答活动，鼓励粉丝参与。

（3）与其他公众号合作，进行账号"互推"。

通过目标拆解和具体策略制定，可确保实现一周内粉丝增长 5 000 名的目标。

通过上述案例可以看出，在使用 AI 拆解活动目标时，运营者应详细交代活动背景信息，明确给出活动目标，并强调需求是拆解目标，而不是策划流程。

课堂讨论

一场活动能否同时有多个运营目的？为什么？

任务总结

　　活动运营工作需要围绕活动目的开展，运营者采取的所有运营手段都必须指向活动目的。常见的活动目的有拉新、促活、转化、传播 4 种。运营者制定活动目标之后，还需要对活动目标进行拆解，这个步骤也可以借助 AI 来完成。

任务三　确定活动主题与玩法

　　企业之所以能够通过活动推动业务增长，主要是因为活动能够有效吸引用户注意，并且能够增强用户按照运营者的设定完成相应动作的意愿。在这一过程中，活动主题与玩法起着重要的作用。

　　活动主题与玩法是对活动的"包装"，能有效提升活动效果，让活动目标更容易实现。所以，运营者在策划一场活动前，要先确定活动的主题与玩法。

一、确定活动主题

　　企业通过活动主题可以吸引用户注意，并且能够更清晰、明确地向用户传递信息，增强用户参与活动的意愿。活动主题能加深用户对品牌和产品的印象，甚至在活动结束后继续为企业带来价值。

　　例如，2024 年 8 月，小红书在上海发起了一场名为"小红书潮流地图"的夏日活动，旨在探索和展现上海的潮流文化，相关海报如图 5-2 所示。此活动联合了 29 家上海潮流品牌，于 8 月 4 日至 13 日举行，持续 10 天。活动内容包括到店打卡领取潮流地图和限定周边产品，参与互动游戏赢取刮刮卡和盲盒礼物，以及预约参加 8 场定制 DIY 活动，深入体验潮流文化。这场线上与线下联动的活动不仅提高了用户的参与度，为这些品牌带来了更多关注，同时也丰富了小红书平台的内容。活动结束后，相关的潮流笔记仍持续吸引着新用户的关注。

　　运营者应确保活动主题满足以下 4 个要求。

1. 简短明确

　　活动主题不宜太长，必须让用户在短时间内理解企业想表达的中心思想。运营者最好将主题的字数控制在 12 个字以内。

2. 易于传播

　　活动主题要易于传播。运营者可以将活动主题和生活中常见的事物联系起来，便于用户理解和记忆，同时要注意避免在活动主题中使用生僻的字词和抽象的概念。

3. 突出一个中心

　　活动主题应该只突出一个中心，即只向用户强调一个重点，避免重点太多导致用户注意力分散。

图 5-2 "小红书潮流地图"夏日活动海报

4. 围绕用户

活动主题应该符合目标用户的需求与偏好。例如，运营者在设计一场针对中老年群体的活动时，应避免在活动主题中使用网络用语。

二、常见的活动玩法

活动玩法是指运营者在既定的活动规则下，引导用户完成提前设定好的动作，最终帮助企业达成活动目的的运营手段。运营者可以针对不同目的的活动采用不同的玩法，以获得更好的活动运营效果。

1. 拉新活动常见玩法

拉新活动需要激励老用户邀请新用户，运营者可以提前为老用户设置拉新任务，再通过奖励措施激励其完成任务。拉新活动中常见的玩法有投票、砍价等，其本质都是鼓励老用户通过完成传播及邀请任务获取奖励，如图 5-3 所示。

投票   砍价

图 5-3 拉新活动的玩法

2. 促活活动常见玩法

促活活动的主要目的是增加用户的在线时长、提高用户的登录频率等。促活活动常见玩法有打卡/签到和征集等，如图 5-4 所示。

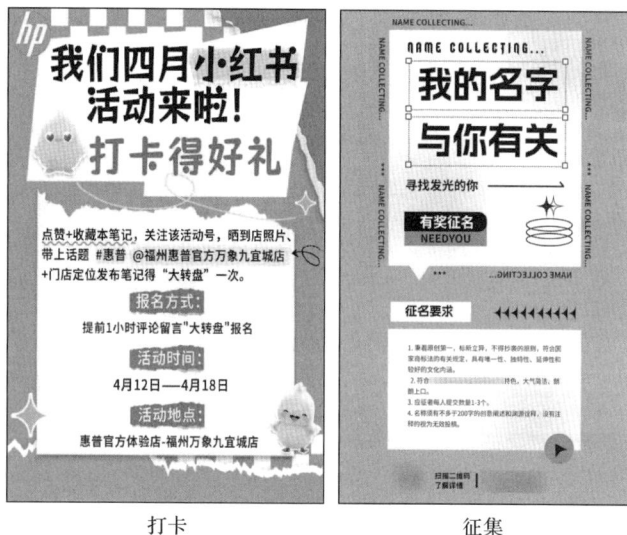

打卡　　　　　　　　　　　　　　征集

图 5-4　促活活动的玩法

其中，打卡/签到主要用于提高用户的登录频率，同时可以让企业有更多机会向用户宣传产品；而征集指的是向用户征集创意、故事、想法等，可以丰富账号的内容，同时增强用户黏性。

3. 转化活动常见玩法

转化活动的目的主要是提高购买转化率等。常见的玩法包括满减、满赠、团购等，其本质都是用价格优惠引导用户购买。运营者可以为不同类型的转化活动设置参与门槛，如满减的门槛是用户需要购买一定价格或数量的产品，团购的门槛是用户需要邀请其他用户一起购买产品，如图 5-5 所示。

满减　　　　　　　　　　　　　　团购

图 5-5　转化活动的玩法

4. 传播活动常见玩法

传播活动常见玩法有测试、比赛等，可以引导用户将测试结果及优秀的比赛成绩分享到朋友圈，如图 5-6 所示。

测试   比赛

图 5-6 传播活动的玩法

5. 通用活动玩法

有一些玩法是相对"万能"的，在很多活动中都能使用，常见的有红包、答题、抽奖、积分等，如图 5-7 所示。

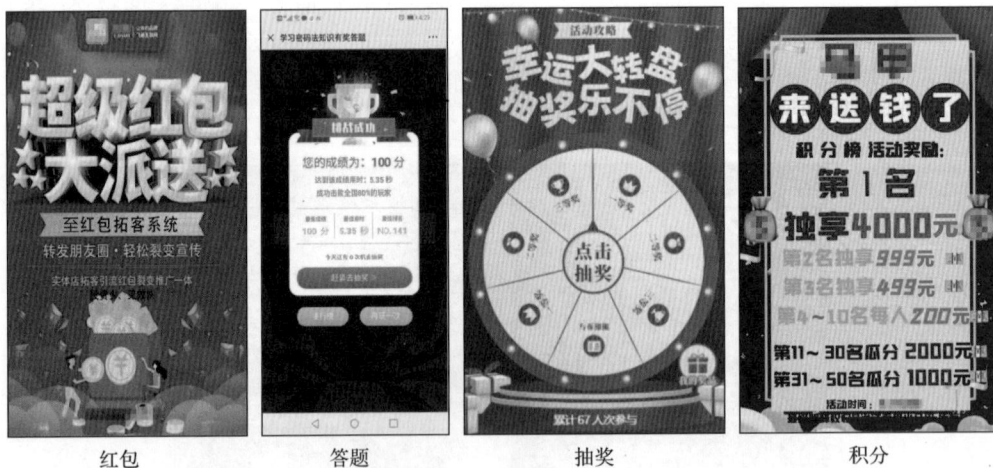

红包   答题   抽奖   积分

图 5-7 通用活动玩法

① 红包

红包是最常见的活动玩法，因为红包对大部分用户有吸引力。对于运营者而言，红包的发放操作也相对简单。

② 答题

答题活动具有一定的挑战性和趣味性，容易吸引用户参与。很多用户也乐意在获得较高的分数或排名后进行分享。运营者可以为达到一定分数的用户设置优惠券奖励，促使用户购买产品。

③ 抽奖

运营者可以在抽奖活动中设置少量的大奖，利用用户对获得大奖的期待，在控制成本的情况下增强抽奖活动对用户的吸引力，激励用户完成分享、购买等任务。

④ 积分

用户可以通过购买产品、签到等方式获得积分，然后用积分兑换产品、优惠券等奖励。因此，在各种目的不同的活动中，运营者都可以采用积分这种玩法。

在实际的活动运营工作中，运营者可以根据具体情况将不同的活动玩法进行组合与升级，设计出有创意的活动。运营者在日常工作中也要多收集优秀的活动案例，并对这些活动案例进行拆解，分析它们的创意是由哪些基础玩法组合、演变而来的，从而丰富自己设计活动玩法的经验。

三、巧用 AI 获取活动创意和玩法

运营者如果没有思路，可以借助 AI 获取活动创意和玩法。

以某公众号"增粉"活动为例，参考提示词如下。

> 背景：我们正在策划一场公众号"增粉"活动，旨在帮助职场技能类公众号秋叶PPT 在一周内增长 5 000 名粉丝。
>
> 任务：现在请你为我提供 5 个可行的活动创意和玩法。
>
> 要求：①尽可能降低活动成本；
>
> ②创意和玩法可落地，能吸引潜在用户；
>
> ③参与门槛低，步骤不能太烦琐。

AI 的回答如下。

> 以下是 5 个可行的活动创意和玩法，旨在帮助公众号秋叶 PPT 在一周内增长 5 000名粉丝。
>
> 1. PPT 模板免费领取活动
>
> 创意玩法：设计一套精美的 PPT 模板，通过公众号文章宣传活动。用户只需关注公众号，回复关键词"领取模板"，即可获得下载链接。同时，鼓励用户将活动海报分享至朋友圈，以提高活动曝光度。
>
> 优点：成本低，用户参与方便，且有助于提高公众号知名度。
>
> 2. 职场技能挑战赛
>
> 创意玩法：举办一场为期一周的职场技能挑战赛，每天发布一个 PPT 制作小任务，用户完成任务并提交作品。评选出优秀作品进行展示，并给予获奖者奖品。用户需关注公众号才能参赛。
>
> 优点：增强用户黏性，激发用户的创作热情，同时吸引潜在用户关注。

3. 限时拼团活动

创意玩法：推出一门职场 PPT 课程，设置拼团优惠价格。用户邀请一定数量的好友拼团购买，即可享受优惠。拼团活动在公众号上进行，这样可引导用户关注公众号。

优点：利用社交关系传播，降低获客成本，提高课程销量。

4. 有奖问答活动

创意玩法：在公众号发布一系列职场技能相关的问题，引导用户在评论区回答。每天抽取一定数量回答正确的用户赠送小礼品。活动期间，鼓励用户邀请好友关注公众号参与问答。

优点：互动性强，有助于提高用户活跃度，促进公众号的粉丝增长。

5. "邀请好友送积分"活动

创意玩法：推出积分兑换机制，用户邀请好友关注公众号，双方均可获得积分。积分可用于兑换 PPT 模板、课程优惠券等。设置积分排行榜，激励用户积极邀请好友。

优点：利用现有用户资源降低获客成本，用户参与无门槛。

以上活动均具备低成本、易操作、吸引力强等特点，有助于公众号秋叶 PPT 实现一周内增长 5 000 名粉丝的目标。

用 AI 获取活动创意和玩法时，运营者应交代清楚活动背景信息；给出活动目标；交代清楚对活动创意和玩法的要求，如低成本、低门槛、可落地等。

课堂讨论

回忆一下，有没有令你印象深刻的活动？该活动令你印象深刻的原因是什么？该活动的主题与玩法是什么？

任务总结

运营者在策划一场活动前，要先确定活动的主题与玩法。运营者应确保活动主题简短明确、易于传播、突出一个中心、围绕用户。活动玩法包括投票、签到、红包、砍价、测试、答题等。运营者如果没有思路，可以借助 AI 获取活动创意与玩法。

任务四　确定活动规则与成本

一、制定活动规则

活动规则是用户参与活动需要遵守的基本原则和规范。活动规则应该包含活动时间、参与条件、参与方式、领奖方式及注意事项。

- 活动时间：活动开始及截止时间等。

- 参与条件：如果活动只针对某一类用户，或者有限制条件，应在规则中注明。
- 参与方式：说明用户参与活动所需完成的具体操作。
- 领奖方式：如果活动设有奖品，需注明领奖的具体时间、方式及联系人等信息。
- 注意事项：列出其他需要特别向用户说明的事项。

运营者在制定活动规则时，应该注意以下 3 点。

1. 确保规则易懂

在确保已涵盖所有必要信息的前提下，活动规则要易懂，以便用户快速、准确地理解。

2. 重点展示核心规则

如果活动较为复杂，运营者可以将部分规则放在专门的活动规则解释页面中。在海报及其他活动介绍页面中只重点展示核心规则，避免规则过于复杂导致用户参与活动的意愿减弱。

3. 增加复杂规则使用示例

如果活动规则比较复杂，运营者可以提供使用示例，帮助用户理解。

二、预估活动成本

运营者在活动运营过程中必须考虑活动成本。在活动开始前，运营者就需要完成活动预算编制，罗列出活动中可能产生的所有费用。在最终考核活动运营效果时，运营者也必须将活动成本作为重要依据之一。活动成本主要包括以下 5 类。

1. 员工激励成本

员工激励成本即激励员工所产生的费用，如活动提成、活动奖金等。

2. 用户激励成本

用户激励成本指购买奖品、发放红包等所产生的用于激励用户的费用，可分为固定用户激励成本和浮动用户激励成本。

3. 宣传成本

宣传成本即活动宣传过程中产生的费用。

4. 工具成本

工具成本即活动中使用付费工具所产生的费用。

5. 其他成本

不同类型的活动可能还会产生一些其他费用，运营者需要根据活动流程逐项进行梳理，找出所有会产生成本的环节，避免遗漏。

运营者在预估活动成本时要考虑成本控制，尽量减少不必要的开支；在保证活动效果的前提下，思考是否有可替代的低成本活动方案。

课堂讨论

为什么"双 11"活动从最开始的"全场 5 折"变为如今的满减、"红包雨"、砍价等多种玩法并行？这可以为商家带来哪些好处？

📖 任务总结

运营者在制定活动规则时，应该确保规则易懂、重点展示核心规则，并增加复杂规则使用示例。此外，运营者在活动运营过程中必须考虑活动成本，包括员工激励成本、用户激励成本、宣传成本、工具成本和其他成本。

任务五　准备活动物料与奖品

准备活动物料与奖品通常需要花费较多时间，因此，运营者需要提前确定活动所需的物料与奖品，并在活动开始前准备完毕，以保证活动顺利推进。

一、常用活动物料盘点

常用活动物料一般有以下5类。

1. 宣传物料

宣传物料是指在活动中需要向用户展示的所有资料，包括活动海报、产品详情页、活动宣传视频等。运营者需要根据活动流程准备好宣传物料，且宣传物料应该风格统一，紧扣活动主题。

2. 客服话术

运营者需要提前整理出用户可能咨询的常见问题，并准备好客服话术，以便在活动执行过程中快速回答用户的问题。

3. 营销工具

根据不同的活动玩法，对于活动中可能需要用到的一些营销工具，如现金红包、优惠券、体验券等，运营者需要提前设计并准备。

4. 活动工具

对于裂变工具、二维码工具、表单工具等活动工具，运营者应该提前准备好并进行测试。

5. 承接流量的账号

有的运营者可能需要通过活动将用户引流到微信个人号。如果活动效果较好，用户过多，可能会导致微信个人号异常。因此，运营者需要多准备几个微信个人号，并规划每个账号的用户数量及添加用户的频率；或者将用户引流到企业公众号等其他平台。

二、活动奖品设置

奖品可以激励用户积极参与活动，运营者在设置奖品时，应注意平衡奖品对用户的吸引力与奖品成本。另外，不同行业常见的奖品类型也有所差异，如表 5-2 所示，运营者可以结合行业特点及用户需求选择合适的奖品。

表 5-2　各行业常见奖品类型

行业	常见的奖品类型
美妆行业	试用产品、美妆教程等
健身行业	健身器材、试听课程、短期会员、低热量食品等
生鲜行业	试吃产品、家庭食谱等
母婴行业	育儿书籍、育儿课程、母婴用品等
教育行业	学习资料、试听课程等

1. 将奖品设计得更具层次感

有吸引力的奖品应该具备"高价值""低门槛"两个特点，但在大多数情况下，企业需要考虑活动成本，因此奖品难以同时具备这两个特点。运营者可以将奖品设计得更具层次感，用少量的大奖提升奖品的价值感，用大量的小奖提高用户获得奖品的概率。

2. 过滤不精准的用户

参与活动的用户中往往存在很多不精准的用户，他们单纯为了领取奖品而参与活动，无法为企业提供较大价值。针对这一问题，运营者可以通过奖品设置将这部分用户过滤掉。例如，提供女性用户专用的奖品可以过滤掉大部分男性用户。

3. 向用户说明奖品规格

运营者要在活动规则中对奖品的型号、颜色、尺寸等信息做详细说明，避免引起误会及纠纷。

4. 证明活动真实性

用户在参与活动前可能会担心无法如约拿到奖品，这会导致其参与活动的意愿减弱。运营者可以通过以下 4 种方式向用户证明活动的真实性。

- 在宣传物料中加入奖品的实拍图。
- 显示奖品的实时领取情况。
- 每次活动结束后对用户获奖情况进行公示。
- 尽量使用具有权威性和公信力的活动工具，如微博抽奖平台等。

三、活动海报设计要素

海报是企业向用户传递活动信息的重要工具。在很多活动中，通过海报查看活动信息就是用户参与活动的第一步。因此，海报的设计尤为重要。海报一般包含标题、副标题、卖点介绍、信任背书及行动刺激 5 个要素。某活动海报如图 5-8 所示。

图 5-8　活动海报案例

1. 标题

海报标题要能快速吸引用户的注意力，所以不能过长，一般应控制在 12 个字以内，并且要紧扣活动主题，直击用户痛点，用简单的一句话清晰表达活动或产品的核心卖点。

2. 副标题

由于标题不宜过长，运营者如果想进一步描述活动或补充卖点信息，可以将这部分内容放在副标题位置。但副标题的内容长度也要适当控制，尽量保持在两行以内。

3. 卖点介绍

运营者还可以在海报中对活动或产品的卖点进行简单介绍，以增强活动或产品对用户的吸引力。卖点介绍可以从以下 3 个方面展开。

- 活动或产品可以帮助用户解决什么问题？
- 活动或产品具体是通过什么方式解决问题的？
- 活动或产品有什么优势？

4. 信任背书

海报篇幅有限，运营者需要在有限的篇幅内展示活动的亮点和真实性。因此，运营者可以在海报中加入品牌介绍、名人代言信息、讲师/创始人背景介绍等有助于增强用户信任感的内容。

5. 行动刺激

运营者需要尽力提高用户在查看海报后的购买转化率，所以最好在海报中放置一些能刺激用户下单的内容。例如，运营者可以在海报中告知用户活动时间，提醒用户立即行动以免错失机会。

课堂讨论

随机找一张活动海报，分析该海报包含哪些要素。

任务总结

常用活动物料一般包括宣传物料、客服话术、营销工具、活动工具、承接流量的账号。奖品可以激励用户积极参与活动，运营者应将奖品设计得更具层次感，通过奖品设置过滤不精准的用户，同时向用户说明奖品规格，证明活动的真实性。海报的设计尤为重要。海报一般包含标题、副标题、卖点介绍、信任背书及行动刺激 5 个要素。

任务六　预估与管控活动风险

活动中经常会出现一些意外情况，这些情况可能会影响活动运营的效果，甚至给企业带来巨大的损失。因此，运营者需要做好活动风险的预估与管控工作，尽量避免意外情况的发生。

一、活动前的检查工作

一场活动中存在很多容易出错的细节工作，运营者需在活动开始前进行详细检查，避免出现失误。运营者至少需要完成以下 4 项检查工作。

1. 检查宣传物料

运营者应对所有宣传物料进行检查，查看其中是否存在以下 4 项或其他需要修正的内容。

- 错别字及错误的标点符号。
- 敏感性言论及过激言论。
- 违反活动发布平台规定的内容。
- 涉及侵权、违约的内容。

2. 检查活动规则

运营者需要检查活动规则是否存在错漏，可以寻找一些相似的活动，查看其活动规则并与自己的活动规则进行对比，对自己的活动规则进行适当补充或调整。

3. 核对预算

运营者需对活动预算进行核对，查看是否有遗漏项或其他错误。尤其是针对一些金额较大的支出项目，要再次对细节（如付款方式、付款时间、购买数量等）进行确认。

4. 进行活动流程演练

运营者在活动开始前应邀请多人进行多次活动流程演练，测试活动流程的合理性，对活动流程中的每个细节进行细致梳理，确保整个活动流程顺畅。

二、常见的风险及对应的管控方法

在活动中，还有一些风险是无法通过活动前的检查工作来规避的。运营者需要提前做好准备，以便在这些风险发生时能够及时进行管控。

1. 奖品无法按时兑现

为了降低库存成本或物流成本，一些企业的活动奖品可能需要临时购买。运营者需要在活动开始前与奖品供应商确认奖品的购买数量、时间及价格，避免活动结束后奖品无法按时兑现，损害企业的声誉。特别是对于一些需要临时生产的定制类奖品，企业应与供应商签订合同，在合同中对因供应商无法按时交货造成损失的赔偿方案进行明确约定。

2. 用户发表负面言论

用户在参与活动的过程中可能会遇到各类问题或提出各种诉求。如果问题得不到解决，诉求得不到满足，一些用户可能会在微信群、微博或其他新媒体平台发声，发表不利于活动执行及企业形象塑造的言论。

为避免此类情况的发生，运营者需要确保用户在遇到问题时能及时找到对接的客服。运营者可以提前在宣传物料的显眼位置公布客服的联系方式，方便用户联系客服，并确保客服积极、诚恳地为用户解决问题。

3. 遭到恶意投诉

除正常的用户投诉外，活动中企业也有可能遭到竞争对手或不法分子的恶意投诉。如果被投诉到平台，可能会导致账号被封禁或其他恶性后果。运营者首先应该熟悉平台规则，确保活动不违反平台的相关规定，并在活动前确认平台对接人员的联系方式，如果在活动中遭到恶意投诉，要及时与其联系并解决问题。

4. 技术风险

一些大型活动由于参与人数过多，可能面临技术风险，如服务器宕机、系统出错、网络运行不畅、群内被恶意"刷屏"等。运营者需要提前与技术人员沟通，并在活动中与技术人员保持联系，确保出现技术故障时技术人员能够及时处理。

> **课堂讨论**
>
> 假设你所在的团队正在进行一场直播销售活动，直播间突然出现大量的恶意评论，此时你会如何应对？

任务总结

运营者需要做好活动风险的预估与管控工作，尽量避免意外情况的发生。在活动开始前，运营者需要检查宣传物料、活动规则，核对预算，进行活动流程演练等。在活动中，还有一些风险是无法通过活动前的检查工作来规避的，如奖品无法按时兑现、用户发表负面言论、遭到恶意投诉、技术风险等，运营者需要提前做好准备，以便在这些风险发生时能够及时进行管控。

任务七　活动预热与发布

在完成活动前的准备工作后，运营者即可开展活动预热与发布工作。这两项工作是活动执行阶段的第一步。

一、活动预热

活动预热是活动发布前的一项重点工作，目的是让活动信息覆盖更多用户，同时增加用户对活动的期待值，为活动积蓄势能。

1. 活动预热的效果

由于预热手段及宣传力度不同，活动预热可能产生不同的效果，效果一般有以下3种。

（1）让用户了解活动信息

活动预热可以让更多用户知晓活动的相关信息，包括活动主题、活动亮点、活动奖品、活动时间及参与方式等。

（2）让用户参与互动

活动预热可以让用户参与活动相关的互动，这有助于活动信息的传播，如图5-9所示。

同时，互动的过程也可以让用户对活动形成更深刻的认知，提高他们参与活动的积极性。

（3）让用户提前报名或付费

运营者可以通过活动预热提供报名通道，让有意向的用户提前报名，锁定活动名额，从而筛选出高意向用户并进行重点维护。在一些以产品销售为目的的活动中，运营者也会通过收取订金的方式引导用户提前付费，如图 5-10 所示。

图 5-9　让用户参与互动

图 5-10　收取订金的案例

2. 活动预热周期

活动预热周期并不是越长越好，因为用户的注意力和耐心有限。如果活动预热周期过长，则用户很容易对活动失去期待。活动预热周期可以视活动规模的大小而定，一般建议控制在 3～5 天，大型活动可以根据实际情况适当延长预热周期。

3. 活动预热的手段

运营者可以通过多种手段进行活动预热，常见的活动预热手段包括但不限于以下 5 种。

* 多渠道宣传活动：通过多个免费或付费渠道广泛宣传活动。
* 用户签到奖励：为连续签到的用户发放奖励，在签到过程中持续向用户宣传活动。
* 用户转发奖励：为转发活动信息的用户发放奖励，鼓励他们帮助传播活动信息。
* 产品免费/低价试用：在活动前让用户提前体验产品，提高用户通过活动购买产品的可能性。
* 建群维护用户：引导不同意向的用户进入不同的群，在群内宣传活动。

二、活动发布

运营者在活动发布阶段需要考虑发布时间、发布渠道及发布对象这 3 个要素。

1．发布时间

（1）公共节日

运营者需要关注全年的公共节日，最好提前制订全年的活动计划。这样做有 3 个好处：第一，运营者能有更多的活动准备时间，可以提前做好活动素材收集等准备工作；第二，运营者可以根据活动计划设置每个季度或每个月的运营指标；第三，企业可以围绕大型活动进行整体的营销规划，如在"双 11"大促活动前，企业可以提前开展新媒体渠道内容宣传、老用户促活等运营工作。

（2）品牌自有节日

除公共节日外，品牌也可以创建自己的节日，如品牌周年庆（见图 5-11）、品牌会员日等。

图 5-11　品牌周年庆活动

（3）其他发布时间

大型活动最好在有特殊意义的时间发布，小型活动的发布时间根据企业现阶段的营销需求确定即可。

2．发布渠道

运营者在选择活动发布渠道时，应重点考虑渠道的用户群体与发布成本。渠道的用户群体应与活动的目标用户相契合。运营者应确保活动信息能触达足够数量的目标用户，并平衡发布成本与发布效果，以实现效益最大化。

3. 发布对象

运营者可以将用户按照参与活动的意向程度进行分类，筛选出高意向用户，通过私信、短信、电话等方式进行活动通知，重点促使他们转化。

> **课堂讨论**
>
> 　　活动预热的范围是不是越广越好？是否一定要让尽可能多的用户知道活动信息？

任务总结

活动预热与发布是活动执行阶段的第一步。常见的活动预热手段包括但不限于多渠道宣传活动、用户签到奖励、用户转发奖励、产品免费/低价试用、建群维护用户；在活动发布阶段，运营者需要考虑发布时间、发布渠道及发布对象这 3 个要素。

任务八　活动推进

活动推进主要考验运营者的协调能力与随机应变能力。这是因为活动期间的工作量较大，很多工作需要团队协作完成。尽管运营者已经在活动策划阶段对活动推进的细节工作做出了安排，但仍可能面临很多突发情况。

运营者需要把活动推进过程中的大量工作理顺，让团队的每个成员明确自己的任务，做到各司其职。运营者还需要时刻关注活动数据，以便在突发情况发生时能冷静应对、及时处理。

一、制作活动执行跟进表

活动推进过程中有大量细节工作需要运营者按时完成，稍有不慎就容易出现差错。制作活动执行跟进表，将活动推进过程中需要完成的工作一一记录下来，再按照表中的规划逐一完成，可以有效降低失误出现的概率。

活动执行跟进表一般包含工作项目、执行细节、所需物料、完成时间及负责人 5 项内容。

例如，某企业计划在 2024 年 11 月 1 日举办周年庆活动，并于活动当天在其官方网站和公众号发布"以全年最低价格限量出售年卡"的消息。这家企业的运营者计划从 10 月 20 日开始进行活动预热，并制作了活动执行跟进表，如表 5-3 所示。

表 5-3　某企业周年庆活动执行跟进表

序号	工作项目	执行细节	所需物料	完成时间	负责人
1	发布活动预告	在微博、官方网站、公众号等同步发布活动预告	活动预告海报	10 月 20 日 20:00	小 A
2	开启活动预报名	开放报名表填写入口	活动报名表	10 月 20 日 20:00	小 A
3	添加预报名用户	通过微信添加预报名用户	客服微信号	10 月 20—29 日	小 B

续表

序号	工作项目	执行细节	所需物料	完成时间	负责人
4	预报名用户维护	通过微信向用户介绍产品、宣传活动	朋友圈文案、微信群话术	10月20—29日	小B
5	第一波活动预热宣传	在官方网站及公众号发布文章	老用户口碑宣传文章	10月23日20:00	小A
6	第二波活动预热宣传	在微博、官方网站、公众号发布海报	产品介绍海报	10月26日20:00	小A
7	活动倒计时	在微博、官方网站、公众号发布海报	活动倒计时海报	11月1日19:00	小A
8	活动正式开启	在官方网站及公众号开放活动入口	—	11月1日20:00	小C
9	活动监测	监测各项活动数据	后台数据	11月1—3日	小A、小C
10	活动结束	关闭所有优惠购买通道	—	11月3日19:00	小C
11	宣布活动结束	在微博、官方网站、公众号宣布活动结束，感谢用户	活动结束海报	11月3日20:00	小A

　　根据活动执行跟进表中的安排，运营者能够更顺利地推进活动，降低活动推进过程中出现差错的概率。运营者还可以根据实际情况制作更为详细的活动执行跟进表，使活动推进工作的内容更加明确。

课堂讨论

　　活动执行跟进表是否越详细越好？为什么？

二、根据数据反馈及时调整活动方案

　　活动中随时可能出现一些意外情况，运营者需要经常关注活动数据，以便及时发现问题并调整活动方案。

　　例如，某企业举办了一场针对公众号的拉新活动，用户关注公众号并回复关键词"我要领取奖品"，就可以获得一张大额优惠券。但在活动推进过程中，运营者通过监测后台数据，发现大量用户回复的关键词不准确，这导致他们无法领取优惠券。于是运营者很快进行了调整，使得用户回复意思相近的关键词，如"优惠券""优惠券领取"等，也可以领取优惠券，从而保证了活动的顺利进行。

任务总结

　　活动推进主要考验运营者的协调能力与随机应变能力。在活动推进阶段，运营者需要制作活动执行跟进表，并根据数据反馈及时调整活动方案。

任务九　活动复盘

活动运营的最后一项工作是活动复盘。运营者需要通过数据分析，总结活动中表现良好的方面以及有待改进之处，并完成书面形式的活动复盘报告。

一、活动复盘的流程

活动复盘一般包括以下 3 个步骤。

1. 收集和整理数据

活动中的数据一般分为两类：一类是常规数据，如活动页面访问量、页面跳出率、活动转发量、用户购买率等；另一类是与活动相关的重要数据。例如，对于以传播为目的的活动，运营者可能需要关注活动在百度、微博等平台的搜索指数等。

运营者需要明确活动复盘需要用到哪些数据，并对这些数据进行收集和整理。

2. 收集用户反馈

除了数据，用户反馈也很重要，它能反映出数据分析无法体现的问题。运营者可以在活动进行期间及活动结束后收集用户对活动的评价，包括用户在后台的留言、用户咨询客服时常问的问题，以及用户在微博等新媒体平台发表的言论等。运营者也可以通过私信、问卷调查等方式主动询问部分用户对活动的体验和感受。

3. 判断活动目标是否达成

运营者需要将活动数据与活动目标进行对比，判断活动目标是否达成。如果活动目标未达成，运营者需要分析原因，思考改进的方法，并将其写入活动复盘报告。此外，运营者还需要与团队成员一起召开活动复盘会议，总结团队成员在活动中的工作表现。至此，才算完成了活动复盘的全部工作。

二、分析活动中常见问题出现的原因

活动运营效果不理想可能由多个原因导致。运营者需要先罗列出可能导致问题出现的所有原因，再结合其他可参考数据，运用排除法找到最主要的原因。活动中常见的 4 个问题及可能导致它们出现的原因如下。

1. 活动海报阅读量低

活动海报或其他活动宣传物料的阅读量低，意味着知晓活动的用户数量少，活动将很难达到理想的效果。可能导致活动海报阅读量低的原因有以下 5 个。

- 活动预热周期短。
- 预热阶段对活动的宣传力度不够。
- 海报设计缺乏吸引力。
- 活动主题缺乏吸引力。
- 用户不精准，对活动不感兴趣。

2. 活动转发率低

活动转发率是指在看到活动信息的用户中，转发活动信息的用户所占的比例。在以拉新及传播为目的的活动中，活动转发率可能会对活动的拉新效果、品牌传播效果等产生直接影响；在以促活及转化为目的的活动中，活动转发率可能会影响活动规模，进而间接影响最终的活动效果。可能导致活动转发率低的原因有以下 4 个。

- 未针对用户转发行为设置奖品，或者奖品缺乏吸引力。
- 活动玩法缺乏吸引力。
- 活动内容与用户的朋友圈形象不符。
- 用户质疑活动的真实性。

3. 购买转化率低

购买转化率是指在知晓活动或参与活动的用户中，购买产品的用户所占的比例。可能导致购买转化率低的原因有以下 4 个。

- 产品本身缺乏竞争力。
- 产品详情页的设计没有展现出产品的竞争力，或者排版缺乏吸引力。
- 活动优惠力度不够。
- 活动没有使用户产生紧迫感。

4. 页面跳出率高

页面跳出率是指访问一个页面后就跳出的用户在所有访问该页面的用户中的占比。用户访问活动页面，说明其对活动有一定的兴趣，并且对活动抱有一定的期待，但如果活动页面的跳出率很高，则说明该页面中的内容未能满足用户的期待。运营者应该按照以下 4 个步骤对页面进行检查和调整。

- 思考用户为什么会进入页面，用户进入页面前可能抱有哪些期待。
- 检查页面中的信息是否符合用户的预期。
- 检查页面的排版是否有需要调整的地方。
- 查看更详细的数据，了解页面哪个位置的跳出率最高。

三、借助 AI 找出活动中存在的问题并获取相应的对策

有时候，我们可能并不知道如何提问才能让 AI 理解我们的意图，并生成理想的答案。这种情况下，其实可以采取逆向思维。例如，公司举办了一场新媒体活动，运营者想让 AI 帮忙找出活动中存在的问题并给出对策，但不知道该向 AI 提供哪些信息，这时运营者就可以参考如下提示词进行提问。

> 我所在的公司刚刚举办了一场新媒体活动，如果我想让你帮我找出活动中存在的问题并给出对策，我该提供给你哪些信息？

AI 的回答如下。

> 为了帮助你深入分析公司新媒体活动中存在的问题并提出有效的对策，你需要向我提供以下关键信息。

1. 活动目标与预期成果

活动的主要目标是什么？是增加品牌曝光、提高用户参与度、促进产品销售，还是其他？

预期取得的具体成果有哪些？

2. 活动概况

活动的主题、形式（如线上直播、线下研讨会、社交媒体挑战赛等）和时间安排。

使用的新媒体平台（如微博、微信、抖音、B站等）及其特点。

活动的宣传策略和推广渠道。

3. 参与情况

参与活动的用户数量、活跃度、互动情况（如评论、点赞、分享等）。

用户反馈，包括正面和负面的意见。

4. 资源投入

人力、物力、财力等方面的投入情况。

使用的技术工具或平台及相关费用。

合作伙伴或赞助商的参与情况。

5. 数据监测与分析

活动期间的实时数据（包括流量、转化率、留存率等）监测报告。

实际数据表现与目标的差距。

6. 遇到的问题与挑战

在活动策划、执行、后期跟进等阶段遇到的具体问题和挑战。

7. 后续行动计划

目前已经采取的或计划采取的改进措施。

对于未来类似活动的规划和预期调整方向。

基于这些信息，我可以进行综合分析，识别出活动中存在的问题，并提出针对性的对策和建议，以帮助你优化未来的新媒体活动策略。

通过上述回答可以看出，我们需要向 AI 提供活动相关的几乎所有信息，在此基础上，AI 才能生成比较理想的回答。

文心一言、智谱清言、讯飞星火、Kimi 等 AI 工具都具备上传文档的功能，并能对文档进行总结和分析。因此，我们可以借助这个功能，直接上传文档并围绕文档内容进行提问，如图 5-12 所示。

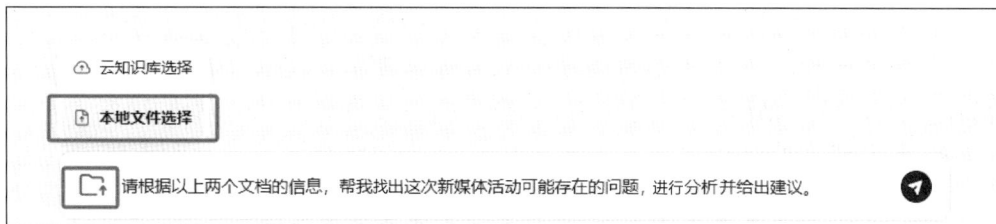

⌂ 云知识库选择

▯ 本地文件选择

请根据以上两个文档的信息，帮我找出这次新媒体活动可能存在的问题，进行分析并给出建议。

图 5-12　AI 工具的文档解读功能

为什么复盘结果最好以书面形式呈现？

任务总结

活动复盘一般包括收集和整理数据、收集用户反馈、判断活动目标是否达成等步骤。活动中常见的问题有活动海报阅读量低、活动转发率低、购买转化率低、页面跳出率高等。运营者可以借助 AI 找出活动中存在的问题并获取相应的对策。

项目实训：借助 AI 完成校园活动策划

1．实训背景

为了让学生更好地利用 AI 提高活动策划效率和质量，本实训将围绕"借助 AI 完成校园活动策划"这一主题展开。

通过实训，学生将深入了解 AI 在活动策划中的应用，包括活动创意生成、目标受众分析、活动推广、效果评估等方面，从而提升 AI 应用能力。

2．实训目的

- 加深对活动运营的理解。
- 理解 AI 在活动运营中的作用和价值。
- 学会使用 AI 工具进行活动策划。
- 提升团队协作能力和解决问题的能力，培养创新思维。

3．实训要求

① 分组与选题

全班同学按照 4～6 人一组分成若干小组，每组选出一名组长，选择一个校园活动主题，如世界读书日、环保日、文化节、科技展、校园歌手大赛、体育赛事、公益活动等，并明确活动目标和预期效果。

② AI 工具熟悉与应用

各组自行选择 AI 工具，熟悉 AI 工具的基本功能和应用场景。

③ 活动创意生成与活动方案制定

结合校园活动主题和目标受众，利用 AI 工具生成至少 3 个活动创意，从中选出最合适的，并对其进行优化。基于优化后的活动创意，制定详细的活动方案，内容包括但不限于活动目标、活动流程、活动形式、时间安排、人员分工、活动效果评估、活动成本等。

④ 宣传推广策略制定

利用 AI 工具分析目标受众的兴趣点和行为习惯，生成针对性的宣传推广策略，并对其进行人工优化。

⑤ 生成校园活动策划案

整合活动创意、活动方案、宣传推广策略等，生成一份较为完整的校园活动策划案。各组制作相关文档或 PPT，组长准备进行汇报。

⑥ 汇报与点评

各组由组长展示校园活动策划案，并说明策划的全过程、AI 工具的应用等情况。

老师对各组的校园活动策划案进行点评，评选出表现最佳的小组，并说明原因。评选标准包括 AI 工具应用的创新性、活动方案的创新性和实用性、宣传推广策略的有效性和活动效果评估的全面性等。

⑦ 分享与探讨

全班同学自行分享自己在实训过程中的心得体会和收获，探讨 AI 工具在活动策划中的更多应用；通过交流，进一步拓宽视野，提升对 AI 工具的应用能力，理解活动运营的难点和步骤，为未来开展活动运营与策划工作打下坚实的基础。

4. 案例分享

一般来说，一份完整的活动策划案需要包含活动主题和目的、活动内容和形式、活动对象、宣传计划和预算分配等。我们可以将自己所要策划的活动的基本信息发送给 AI，让 AI 帮我们生成一份活动策划案。

参考提示词如下。

> 你是一名高校教师，拥有丰富的行政经验，请撰写一份艺术节活动策划案。活动基本信息如下。
> 活动名称：××大学第×届校园艺术节。
> 目的：展示学生的艺术才华和创新精神，加强校园文化建设。
> 时间：2024 年 7 月 12 日至 8 月 12 日。
> 地点：××大学校园内，具体地点待定。
> 活动形式：展览、比赛、表演、工作坊等。
> 活动对象：全校学生、教师和校友。
> 预算：3 万元。
> 宣传计划：贯穿活动全过程。

AI 的回答如下。

> ××大学第×届校园艺术节
>
> 一、活动目的
> 展示学生的艺术才华和创新精神，加强校园文化建设，促进师生间的艺术交流，提高学生的综合素质。
> 二、活动时间与地点
> 时间：2024 年 7 月 12 日至 8 月 12 日。
> 地点：××大学校园内（具体地点待定）。
> 三、活动主题
> "创意"·"融合"·"展翅"——探索艺术的无限可能，展现年轻一代的创新

精神和艺术追求。

四、活动对象

全校学生、教师和校友。

五、活动形式与内容

展览：举办摄影展、绘画作品展等，形式为实体展览或线上虚拟展览。

比赛：举办绘画、书法、摄影、设计、音乐、舞蹈等各类艺术比赛，鼓励创新与个性表达。

表演：安排音乐会、戏剧演出、舞蹈表演等，促进艺术交流。

工作坊：组织艺术工作坊，如陶艺、国画、油画、音乐制作等，提供实践机会。

文化体验：设置文化体验区，如非物质文化遗产体验等，让活动对象亲身感受艺术魅力。

六、宣传计划

制作宣传海报和传单，张贴在校园宣传栏，吸引师生关注。

利用校园广播、公众号、学校官方网站等平台，定期发布艺术节相关信息和活动安排。

在学生社团、班级等组织内部进行宣传，鼓励同学们积极参与。

与校外媒体合作，邀请媒体记者进行现场报道，扩大艺术节的影响力。

七、预算分配

总预算：3万元

展览布置与物料：5 000元

比赛奖金与奖品：8 000元

表演服装、道具租借及技术支撑：5 000元

工作坊材料费：3 000元

文化体验项目费用：2 000元

宣传费用（包括设计、印刷等的费用）：4 000元

活动场地布置与后勤支持：2 000元

应急备用金：1 000元

八、实施步骤

成立艺术节筹委会，明确分工。

设计和发布活动宣传资料。

确定活动地点并预订场地。

招募志愿者，对其进行培训。

启动各项活动报名流程。

确定展览布局和比赛规则。

举行艺术节开幕式。

艺术节期间，确保各项活动顺利进行，解决突发问题。

举行艺术节闭幕式，并进行活动总结。

九、安全保障与风险管理

确保所有活动符合学校的安全规定，落实各项安全措施，包括配备安保人员、急

救设施等，并制定应急预案。

十、评估与反馈

通过调查问卷等方式收集活动对象的意见，对活动效果进行评估，并为下一届艺术节提供改进建议。

请注意，这是一个基本的活动策划案框架，你可以根据实际情况对其做进一步细化和调整。

📝 项目总结

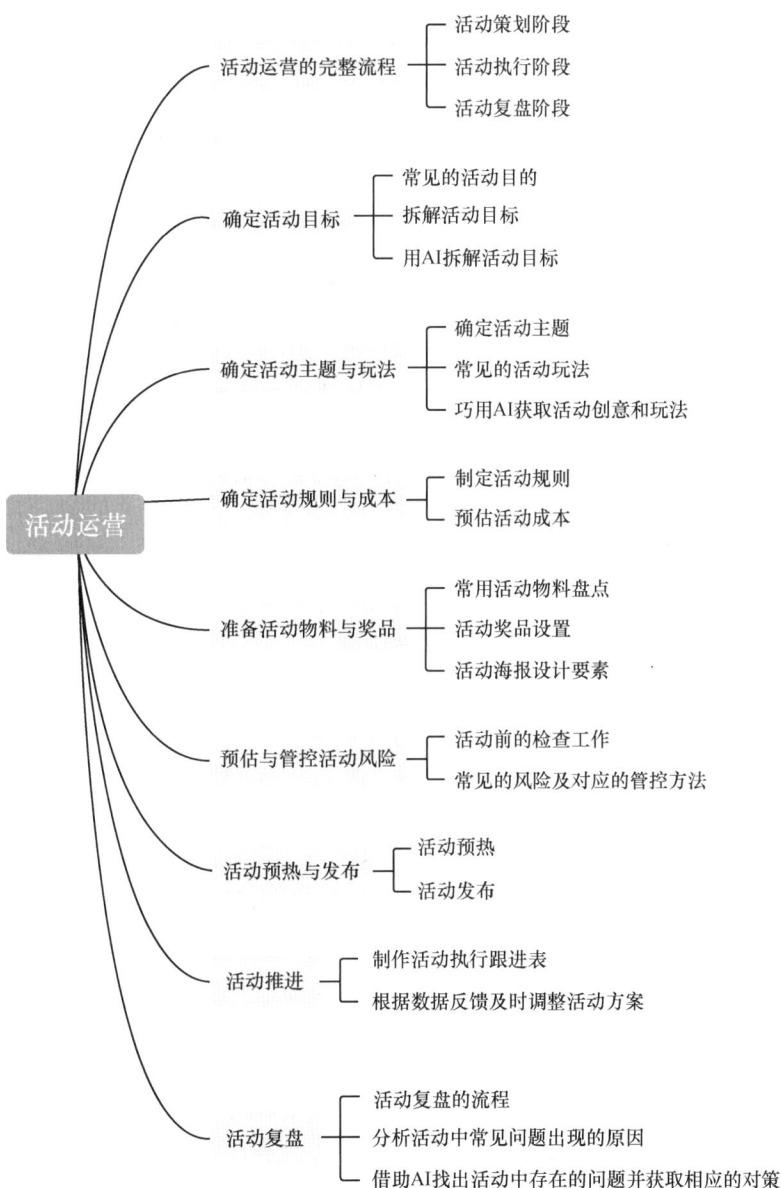

活动运营

- 活动运营的完整流程
  - 活动策划阶段
  - 活动执行阶段
  - 活动复盘阶段
- 确定活动目标
  - 常见的活动目的
  - 拆解活动目标
  - 用AI拆解活动目标
- 确定活动主题与玩法
  - 确定活动主题
  - 常见的活动玩法
  - 巧用AI获取活动创意和玩法
- 确定活动规则与成本
  - 制定活动规则
  - 预估活动成本
- 准备活动物料与奖品
  - 常用活动物料盘点
  - 活动奖品设置
  - 活动海报设计要素
- 预估与管控活动风险
  - 活动前的检查工作
  - 常见的风险及对应的管控方法
- 活动预热与发布
  - 活动预热
  - 活动发布
- 活动推进
  - 制作活动执行跟进表
  - 根据数据反馈及时调整活动方案
- 活动复盘
  - 活动复盘的流程
  - 分析活动中常见问题出现的原因
  - 借助AI找出活动中存在的问题并获取相应的对策

PART 06

项目六
产品运营

【项目导读】

在新媒体时代，产品的成功不仅取决于产品本身的高品质，更依赖于精准的运营策略。为做好产品运营工作，运营者需要洞察用户不断变化的需求，搭建用户与产品之间的桥梁。

本项目将从产品运营的概念入手，介绍产品运营的内容；随后探讨竞品分析的方法与框架，以及如何通过产品差异化与市场定位策略打造产品的竞争力。同时，产品生命周期管理也是本项目的重点内容之一，将详细阐述产品生命周期的 4 个阶段，以及不同阶段应采取的运营策略。

通过本项目的学习，学生能够全面掌握产品运营的实战技巧，为产品的成功推广与持续发展奠定坚实的基础。

知识目标

➤ 了解产品运营的概念与内容。

➤ 掌握竞品分析与市场定位的方法。

➤ 了解产品生命周期的 4 个阶段。

➤ 掌握产品引入阶段、成长阶段、成熟阶段、衰退阶段的运营策略。

素养目标

➤ 培养职业道德感与社会责任感，确保产品运营行为正当且有益于社会。

➤ 明确产品运营的方向与核心价值，确保运营策略既满足市场需求又遵循国家政策导向。

➤ 培养将市场分析与文化价值相结合的产品运营能力，展现商业智慧与人文关怀。

➤ 注重产品运营策略的社会影响，承担社会责任，传播正面信息，促进市场健康发展与消费者权益保护。

任务一　产品运营概述

一、产品与产品运营的概念

1. 产品的类别

产品一般分为以下几类。

实体产品：这是传统意义上的产品，如家电、日用品、汽车等，它们具有实体形态，可以通过物流进行配送。

数字产品：随着数字技术的发展，数字产品如软件、电子书、音乐、视频等愈发普及。这些产品通常以数字形式存在，可以通过网络进行下载或流式传输。

服务产品：服务也是一种产品，如旅游服务、教育服务、咨询服务、金融服务等。这些服务通常不涉及实体产品的交换，而是提供某种形式的帮助、支持或体验。此外，服务产品可能是一种综合性解决方案，旨在解决用户的特定问题或满足其特定需求，该方案可能包含上述多种服务的组合以及定制化的服务。

平台产品：在互联网时代，平台产品如社交媒体、电商平台、在线教育平台等日益重要。这些产品为用户提供了交互、交易或学习的环境，且可能同时涵盖实体产品、数字产品和服务产品。

2. 产品运营的概念

产品运营是指以产品为核心，从内容建设、用户维护、活动策划3个层面连接用户与产品，助力企业达成用户数量增长、营收增长等运营目标的手段。同时，产品运营是一项综合性工作，贯穿产品从设计、开发到上市、推广及持续优化的全过程。简而言之，产品运营的目的是确保产品能够在市场上推广成功、满足用户需求、实现商业目标，并保持竞争力和生命力。

3. 产品运营的核心价值

产品运营的核心在于连接用户和产品。一方面，运营者需要根据用户不断变化的需求完成产品的优化与迭代；另一方面，运营者需要借助各种运营手段，使产品实现更高的商业价值。具体来说，产品运营的核心价值体现在以下方面。

- 提升产品市场竞争力。通过精准的市场定位和有效的推广策略，运营者能够提升产品在市场中的知名度和竞争力，使产品在众多同类产品中脱颖而出。

- 满足用户需求并提升用户体验。运营者以用户为中心，通过深入了解用户需求，持续优化产品功能和用户体验，确保产品能够满足用户的期望和诉求，进而提升用户满意度和忠诚度。

- 实现商业目标并创造商业价值。运营者通过有效的市场推广和产品运营，能够帮助企业吸引更多潜在用户，提高转化率，从而实现商业目标并创造商业价值。同时，通过数据分析和策略优化，运营者还能够为产品的持续优化和升级提供有力支持，进一步推动其商业价值的提升。

- 促进产品优化与迭代。运营者通过持续跟踪用户反馈和市场变化，能够及时发现问题并提出优化建议，推动产品的优化与迭代，确保产品能够满足市场需求和用户期望。

二、产品运营的内容

产品运营的内容包括以下 3 项。

1. 挖掘用户需求

产品服务于用户，因此运营者首先需要挖掘用户需求，才能据此设计出能够为用户提供价值的产品。运营者可以通过问卷调查、数据分析及同类产品分析等方法挖掘用户需求。

① 问卷调查

问卷调查有助于运营者直接了解用户的想法。运营者可以梳理出所有能触达用户的渠道，从中挑选合适的渠道并向用户发送调查问卷。

② 数据分析

一些企业在产品开发和上市前，已经通过其他平台积累了一批用户。例如，十点读书 App 上市前，其运营团队就已经通过运营同名的公众号积累了大量粉丝，因此该团队可以通过对公众号粉丝数据进行分析找到用户需求。

③ 同类产品分析

运营者可以将一些同类产品作为分析对象，邀请一定数量的目标用户体验产品并发表意见。同时，运营者也可以在各大新媒体平台收集用户对这些同类产品的评价，从中挖掘用户需求。

2. 产品开发、测试与升级

在充分了解用户需求后，运营者需要将用户需求反馈给产品经理，并协助产品经理开发相应的产品。产品开发完成后，运营者还需要组织用户参与产品使用测试，根据测试结果对产品进行调试，确保用户能够顺畅地使用产品。此后，在产品运营过程中，运营者需要不断收集用户需求，再根据用户需求协助产品经理升级产品。

3. 产品推广

在产品上市初期，企业可能会投入大量资金进行产品推广。运营者要注意对推广渠道的筛选，理想的推广渠道应该具有用户精准度高、用户体量大、推广成本低等特点。

课堂讨论

产品运营与内容运营的关系是什么？

任务总结

产品运营的目的是确保产品能够在市场上推广成功、满足用户需求、实现商业目标，并保持竞争力和生命力。在产品运营过程中，运营者需要完成挖掘用户需求，产品开发、测试与升级，产品推广等工作。

任务二　竞品分析与市场定位

在进行产品运营前，企业有必要开展详细的竞品分析，并据此确定自身的市场定位。

一、竞品分析的方法与框架

1. 确定竞品

在进行竞品分析之前，首先要确定竞品。竞品一般分为以下几类。

- 直接竞争对手：向相同用户提供相同或相似产品的企业。
- 间接竞争对手：满足相同需求，但提供不同类型产品或服务的企业。
- 潜在竞争对手：目前尚未进入市场，但具备一定实力的企业。

2. 收集信息

确定竞品后，接下来要收集竞品的相关信息。以下是一些常用的信息收集方法和渠道。

- 网络搜索：利用搜索引擎、专业论坛等获取竞品信息。
- 用户调研：通过问卷调查、访谈等方式，了解用户对竞品的评价。
- 竞争对手官方网站：关注竞争对手官方网站，了解竞品动态等。
- 行业报告：查阅行业报告，获取竞品的市场份额、营收等数据。

3. 分析框架

竞品分析框架包括以下 5 个方面的内容。

① 特性

对比分析不同竞品的特性，示例如表 6-1 所示。

表 6-1　特性对比

竞品	特性
竞品 A	功能丰富、界面美观
竞品 B	价格低、易于操作

② 市场表现

分析竞品的市场表现，包括市场份额、用户增长率、营收等数据，示例如表 6-2 所示。

表 6-2　市场表现对比

竞品	市场份额	用户增长率	营收/亿元
竞品 A	30%	10%	5
竞品 B	20%	15%	3

③ 营销策略

分析竞品的营销策略，包括推广渠道、广告投放率、品牌形象等，示例如表 6-3 所示。

表 6-3　营销策略对比

竞品	推广渠道	广告投放率	品牌形象
竞品 A	网络广告、社交媒体	高	高端、专业
竞品 B	线下活动、门店销售	低	实用、便宜

④ 用户群体

研究竞品的用户群体，包括用户画像、用户需求、用户满意度等，示例如表6-4所示。

表6-4　用户群体对比

竞品	用户画像	用户需求	用户满意度
竞品A	年龄：25~25岁 性别：男女均衡	高品质产品、优质服务	80%
竞品B	年龄：18~25岁 性别：女性为主	价格低、易操作	70%

⑤ 优势与劣势

总结竞品的优势与劣势，为自身产品定位提供参考，示例如表6-5所示。

表6-5　优势与劣势对比

竞品	优势	劣势
竞品A	市场份额大、用户口碑好	价格较高、客户服务不足
竞品B	成本低、用户增长迅速	功能相对简单、品牌知名度低

二、产品差异化与市场定位

通过竞品分析，企业能够了解竞品的特性和市场表现。接下来，企业要根据自身产品的优势，实现差异化竞争。

1. 产品差异化

以下是一些产品差异化策略。

- 功能差异化：在产品功能上寻求创新，满足用户的特定需求。
- 品质差异化：提高产品质量，塑造高品质的产品形象。
- 服务差异化：提供优质的售前、售中、售后服务，提升用户体验。
- 价格差异化：根据市场需求和自身成本，制定合理的价格策略。

2. 市场定位

在产品差异化的基础上，企业需要为自身在市场中找到一个合适的位置。以下是市场定位的步骤。

① 确定目标市场

市场定位的第一步是确定目标市场。企业在确定目标市场时，需要关注以下几个关键因素。

- 用户需求：分析用户的具体需求和痛点。
- 用户行为：研究用户的购买习惯、使用习惯和决策过程。
- 竞争状况：评估目标市场中的竞争程度和潜在竞争对手的情况。

② 分析竞争对手定位

在确定目标市场后，企业需要分析竞争对手在该市场中的定位，这包括以下几点。

- 了解竞争对手的市场定位策略。
- 评估竞争对手定位的优势和劣势。

- 寻找市场中的定位空缺或未被充分满足的需求。

③ 制定定位策略

基于对目标市场和竞争对手的分析，企业可以制定以下几种定位策略。

- 领导者定位：如果企业在市场中具有明显优势，可以定位为市场领导者。
- 挑战者定位：如果企业具备挑战市场领导者的能力，可以定位为挑战者。
- 利基市场定位：也称为缝隙市场定位或补缺市场定位，是指企业在较大的细分市场中，为具有相似兴趣或需求的一部分用户提供专门的产品或服务。
- 创新定位：通过产品创新或服务创新，开拓新的市场空间。

课堂讨论

假设现在让你设计一种饮料，你会从哪几个方面实现产品差异化？

任务总结

在进行产品运营前，企业有必要开展详细的竞品分析，并据此确定自身的市场定位。竞品分析可以按照确定竞品、收集信息、分析框架的步骤进行。市场定位要在产品差异化的基础上进行，包括确定目标市场、分析竞争对手定位、制定定位策略等步骤。

任务三　产品生命周期管理

产品生命周期管理（Product Life-Cycle Management，PLM）是一种先进的产品管理信息化理念，它涵盖了从人们对产品产生需求开始，直至产品淘汰的全过程。开展产品生命周期管理可以提升产品的市场潜力，优化资源配置，提高产品运营效率。

一、产品生命周期的 4 个阶段

产品完整的生命周期一般有 4 个阶段，分别是引入阶段、成长阶段、成熟阶段及衰退阶段。这 4 个阶段的特点和运营重点如表 6-6 所示。

表 6-6　产品生命周期 4 个阶段的特点和运营重点

阶段	特点	运营重点
引入阶段	产品初入市场，知名度低； 用户数量有限，主要是早期采用者； 产品质量不稳定，产品技术可能尚未成熟	市场推广：提升产品知名度，吸引早期采用者 用户教育：培养用户对产品的认知和兴趣 反馈收集：及时了解用户反馈，优化产品
成长阶段	销量快速增长，市场逐渐扩大； 竞争对手开始进入市场； 产品质量逐渐稳定	市场份额扩大：加大市场推广力度，提高销量 生产效率提高：优化生产工艺，降低成本 竞争策略制定：关注竞争对手动态，制定差异化竞争策略
成熟阶段	市场趋于饱和，新用户增长速度放缓； 竞争更加激烈，价格战成为常态； 用户对产品质量和服务的要求更高	用户满意度提升：关注用户体验，提高产品质量和服务水平 产品差异化：通过创新或定制化满足用户多样化需求 成本控制：优化成本结构，保持竞争力

续表

阶段	特点	运营重点
衰退阶段	销量下滑，产品逐渐失去市场竞争力； 技术更新换代，用户偏好变化； 企业可能需要决定是否继续投入资源或转向新市场	市场调研：了解市场趋势和用户需求变化 产品改进或创新：考虑对现有产品进行改进或开发新产品 资源优化：根据市场情况调整资源投入，相关措施可能包括减少生产或转向新市场

此外，产品处于不同阶段时，运营者需要采取不同的运营策略来实现不同的产品运营目标。

二、引入阶段的运营策略

在引入阶段，产品虽已正式进入市场，但运营者暂时还不能进行大规模的产品推广，只能先在小范围内推广产品并收集用户反馈，持续进行产品优化，从而为产品建立良好的口碑。

1. 小范围推广产品

引入阶段的产品尚未经过市场的验证，可能还需要进一步优化。因此，在这一阶段，运营者可以先进行小范围的产品推广。例如，文心一言在上线初期并没有进行大规模推广，仅向部分预约用户开放了公测通道，这样可以避免尚未成熟的产品影响品牌口碑。

2. 收集用户反馈

用户反馈是产品优化的重要依据，运营者需要向使用产品的用户收集反馈，并将反馈信息传达给开发者。常见的收集用户反馈的方法如表 6-7 所示。

表 6-7 常见的收集用户反馈的方法

类别	方法
系统分析	设置用户跟踪代码，平台（如网店、小程序等）后台自动收集相关数据
被动收集	激励用户将反馈以电子邮件的形式投递至企业的客服邮箱
主动收集	问卷调查、用户访谈

3. 建立良好的口碑

第一批试用产品的用户可能会将对产品的评价发布在各大新媒体平台，这些评价可能会对产品下一阶段的推广产生影响。所以，从引入阶段开始，运营者就需要重视产品口碑的建立和管理。运营者可以通过以下 3 种方法对产品的口碑进行优化。

① 筛选用户

运营者可以筛选试用产品的用户，避免大量不精准的用户参与产品试用。因为产品很难满足这些用户的预期，这将导致他们对产品的评价不高。

② 询问用户

在第一批试用产品的用户数量不多的情况下，运营者可以安排客服人员主动询问用户的试用感受。这样一方面可以收集用户反馈，另一方面也可以及时帮助用户解决问题，并通过良好的服务优化用户体验。

③ 监控舆情

运营者可以主动在主流新媒体平台搜索产品关键词并查看用户评价，同时尝试联系发表了负面评价的用户，通过积极帮助这些用户解决问题的方式，尝试让其删除或修改负面评价。对于用户普遍反映的问题，运营者也要予以重视，并及时反馈给开发者。

三、成长阶段的运营策略

成长阶段是产品生命周期的第二个阶段，这个阶段的特点是产品销量迅速增长，市场接受度提高。在这一阶段，主要运营目标是拉新，运营者需要关注用户增长速度及新增用户质量，并做好应对突发事件的准备。

1. 进行多渠道推广

在成长阶段，运营者需要对产品进行多渠道推广，找到合适的推广渠道并进行大规模的广告投放。运营者可以通过付费广告投放、内容营销、事件营销等手段进行产品推广。在寻找合适的推广渠道时，运营者可以先进行少量的广告投放，测试推广效果。如果推广效果较为理想，再进行大规模的广告投放。

2. 重点关注用户流失情况

在推广带来用户增长后，运营者不应过度乐观于用户增长速度，而应关注用户的流失情况。用户大量流失可能有以下 3 个原因。

① 用户不精准

如果用户不精准，产品可能就无法满足用户需求，用户可能在短暂体验产品后迅速流失。

② 推广方式不合适

如果运营者在推广产品时主要依靠福利引导用户体验产品，但用户对产品并无兴趣和需求，就会导致用户在领取福利后迅速流失。

③ 产品需要优化

如果产品本身存在一些问题，导致用户体验感不佳，也会造成用户流失。针对这种情况，运营者需要分析用户对产品的使用情况，找出用户流失的关键环节，并通过用户访谈等方式发现产品存在的问题，及时对产品进行优化。

3. 做好突发事件应对准备

在大力推广产品的过程中，用户数量急剧增长，可能会引发一些突发事件。例如，用户数量过多导致服务器宕机，用户基数增加导致产品缺陷暴露等。运营者需要提前做好应对突发事件的准备，避免突发事件对产品口碑造成不良影响。

运营者首先需要做好舆情监控，以便在负面舆情出现时及时进行处理；其次要考虑可能发生的突发事件有哪些，提前制定应对方案及必要时对用户的补偿措施。

四、成熟阶段的运营策略

进入成熟阶段的产品已经拥有相当数量的用户，并且可能已经占据了一定的市场份额，用户增长速度也趋于平缓。在这一阶段，产品运营的重点不再是拉新，运营者应将重点放在用户促活与转化上，并及时洞察用户需求的变化，避免企业被竞争对手超越，延缓产品衰退阶段的到来。

1. 用户促活与转化

在成熟阶段，运营者要重点推进用户促活与转化工作。用户促活与转化的具体方案可以参考本书项目三中的相关内容，此处不再赘述。

2. 延缓产品衰退阶段的到来

产品从成熟阶段走向衰退阶段，可能是由于其无法继续满足用户的需求，或者是有强劲的竞争对手出现。运营者想要延缓产品衰退阶段的到来，就需要敏锐地洞察用户需求的变化，时常关注用户增长数据、活跃数据、转化数据等多项与用户相关的数据。当数据发生大幅波动时，要及时找到原因，必要时应配合开发者对产品进行优化。

五、衰退阶段的运营策略

产品进入衰退阶段有几个明显标志，包括产品的新用户增长非常缓慢甚至趋于停滞、用户活跃度逐渐降低、大量用户流失、产品变现乏力等。

在产品进入衰退阶段后，运营者应该考虑推动产品转型，以满足用户的新需求。但如果产品转型已无法达到理想效果，运营者可以开发一款新产品，将用户导流至新产品，以挽回企业损失。

1. 产品转型

产品转型可能会导致企业成本增加，所以运营者需要评估产品是否有机会通过转型重新获得发展。

运营者需要罗列出产品进入衰退阶段的原因，并逐一进行分析。如果分析结果显示产品进入衰退阶段是由一些无法改变的因素导致的，运营者应该及时采取用户导流等方法挽回企业损失；但如果分析结果显示导致产品进入衰退阶段的因素可以改变，运营者就需要计算产品转型的成本，制定产品转型实施方案，然后由运营团队共同评估产品转型的可操作性。

2. 用户导流

如果产品转型受阻，运营者可以尝试开发新产品，将旧产品的用户导流至新产品。运营者可以通过以下5种方式进行用户导流。

① 发消息

运营者可以通过客服告知、发站内信、发邮件等方式直接邀请用户体验新产品。

② 举办活动

运营者可以针对新产品举办活动，并通过旧产品邀请用户参与活动。

③ 发福利

运营者可以向用户发放福利，并告知用户领取福利的方式。

④ 介绍新产品

运营者可以向用户介绍新产品的功能、设计理念等内容，引导用户关注和使用新产品。

⑤ 推进用户裂变

对于一些社交类型的新产品，运营者可以鼓励用户邀请自己的好友一起下载并体验新产品。

你认为抖音这款产品处于生命周期的哪个阶段？为什么？

任务总结

　　产品完整的生命周期一般有 4 个阶段，分别是引入阶段、成长阶段、成熟阶段及衰退阶段。产品处于不同阶段时，运营者需要采取不同的运营策略，以最大限度地实现产品的价值。

项目实训：判断产品的生命周期阶段并提出相应的 运营策略

1. 实训背景

　　随着市场竞争的加剧，产品生命周期管理已成为企业产品运营的关键环节。一个产品从诞生到退出市场会经历多个阶段，包括引入阶段、成长阶段、成熟阶段和衰退阶段。为了确保产品在各个阶段都能取得良好的市场表现，企业需要对产品生命周期进行精细化管理。本实训将带领大家判断产品所处的生命周期阶段，并制定相应的运营策略，为企业提供有针对性的建议。

2. 实训目的

- 了解产品生命周期管理的基本概念和理论。
- 掌握产品生命周期各阶段的运营策略。
- 提升产品运营数据分析能力。
- 培养团队协作和沟通能力。

3. 实训要求

　　① 分组：全班同学按 4～6 人一组分成若干小组，每组选出一名组长，由组长负责组织协调小组工作。

　　② 选择产品：每组选择一款产品，类型不限

　　③ 收集数据：通过市场调查、网络搜索等途径，收集所选产品的市场数据，包括销售额、市场份额、用户评价等。

　　④ 判断产品所处的生命周期阶段：根据收集到的数据，判断产品所处的生命周期阶段，并阐述判断依据。

　　⑤ 制定运营策略：针对产品所处的生命周期阶段，制定相应的运营策略，内容涵盖市场推广、渠道拓展、产品创新等方面。

　　⑥ 撰写报告：将分析结果和运营策略整理成报告，报告需包含以下内容。

- 产品简介及市场背景。
- 产品所处的生命周期阶段判断。

- 运营策略制定及效果分析。
- 总结与展望。

⑦ 汇报与点评：每组派代表进行汇报，其他小组成员可进行补充。老师对每组成果进行点评，并提出改进意见。

⑧ 评选优秀小组：老师根据报告质量、汇报表现、团队协作等方面的情况，评选出 1～2 个优秀小组。

⑨ 分享与交流：全班同学自行分享自己的研究过程、分析方法及心得体会，探讨产品运营的其他策略和方法。

通过本实训，大家将更好地理解产品生命周期管理的重要性，掌握产品运营的基本策略，为今后从事相关工作奠定基础。

📝 项目总结

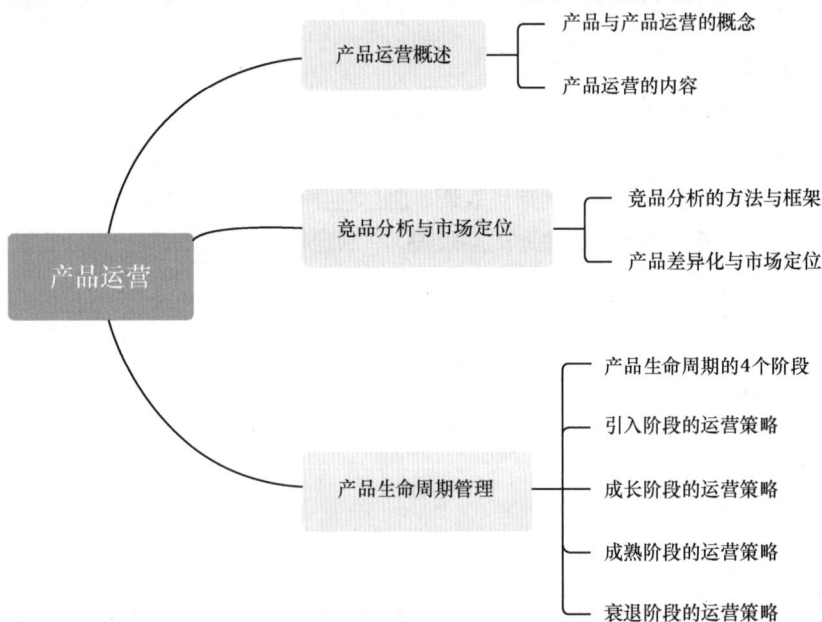

- 产品运营
  - 产品运营概述
    - 产品与产品运营的概念
    - 产品运营的内容
  - 竞品分析与市场定位
    - 竞品分析的方法与框架
    - 产品差异化与市场定位
  - 产品生命周期管理
    - 产品生命周期的4个阶段
    - 引入阶段的运营策略
    - 成长阶段的运营策略
    - 成熟阶段的运营策略
    - 衰退阶段的运营策略

PART 07

项目七
社群运营

【项目导读】

现如今，大到一个跨国企业，小到一个街边小店，都有自己的社群。这些社群或大或小，都以各自的方式连接着有共同兴趣、需求或目标的用户，发挥着传播信息、促进情感交流、建设品牌等多重作用。在社群经济日益发达的时代，社群成为连接用户与品牌、用户与用户的重要桥梁。如何有效地进行社群运营，也成为每一个运营者必须面对的课题。

本项目围绕社群运营展开，从社群的类型及社群存在的必要条件入手，深入探讨社群管理中的角色分工与群规的建立及施行；在此基础上，介绍如何提升社群活跃度；最后，重点讲解如何提高社群转化率，帮助运营者促进用户快速转化。

知识目标

> 了解社群与社群运营。
> 学会管理社群。
> 了解如何提升社群活跃度。
> 掌握提高社群转化率的方法。

素养目标

> 对自己的言行负责，积极传播正能量，避免传播虚假信息或发表负面言论。
> 深入理解社群与社群运营的本质，明确社群管理的重要性，学会在实践中贯彻公平、公正的管理原则。
> 分享有益的信息和资源，不断提升自我、拓宽视野。

任务一　社群与社群运营

社群是社交网络上的一种聚集现象。运营者通过社群分享信息，扩大用户规模，提升企业影响力。同时，社群有助于人与人之间建立信任机制，进而更好地推动口碑营销。

一、社群的类型

目前，很多新媒体平台都具备社群功能，不过微信群较为常见，且用户黏性更强，所以当下所说的社群营销大多基于微信群展开。

常见的社群有以下 3 种。

1. 电商型社群

电商型社群是以促成电商交易为目标的社群。各个电商平台的商家、实体店铺建立的粉丝群或会员群都是电商型社群，有产品资源的人建立的团购群也是电商型社群。

2. 学习型社群

学习型社群一般是课程运营者建立的，用户为了学习某个领域的知识或购买了相关课程，进而加入社群。学习型社群往往配备了丰富的教与学内容，包括在线课程、作业练习、实践活动等，运营成本相对较高。

3. 社交关系型社群

社交关系型社群建立的初衷往往是利用社群强化社交关系，以实现群内用户之间的资源连接与技能互补。社交关系型社群的变现条件不在于销售产品或者输出专业知识，而在于筛选出同频的人，做好服务，建立他们所需的价值连接，从而发挥社群的价值。

二、社群存在的必要条件

社群存在的必要条件有以下 4 个。

1. 同好/同属性/同目标

用户要在社群内进行信息交流，必须对同一类信息感兴趣。所以，同一个社群中的用户至少需满足同好、同属性、同目标这 3 个条件中的 1 个。

同好是指用户有相同的爱好，如跑步爱好者交流群、烹饪爱好者交流群等；同属性是指用户有相同的身份属性，如新手"宝妈"交流群、社区团购群等；同目标是指用户有相同的目标，如考研备考群、早起打卡群等。

用户之间的共同话题越多，运营者就越容易提升社群的活跃度。

2. 有明确的群规

社群要保持良好的秩序，以保障用户顺畅交流，因此必须制定明确的群规来规范用户行为，这样才能确保社群有序运转。

3. 实施运营及管理手段

用户加入社群是为了在群内获取价值，而这需要运营者在群内实施运营及管理手段才能实现。如果运营者在创建社群后不进行运营和管理，用户将很难在群内获得价值，进而会导致用户陆续退群、群内广告泛滥、用户活跃度降低等问题，企业也将无法通过社群获得收益。

4. 具备可复制性

在社群运营取得良好效果后，企业可能需要扩大社群规模，创建多个同类型的社群，以获取更多收益，所以社群应具备可复制性。判断一个社群是否具备可复制性，可以先罗列出有助于社群运营工作取得成效的各种因素，再分析这些因素是否可复制。

例如，某皮鞋品牌通过社群运营取得了不错的销售业绩。但运营者分析后发现，社群运营效果良好主要是因为企业对群内购买产品的用户进行了大额补贴，在群内频繁推出力度较大的优惠活动，这吸引了群内大量用户在活动期间购买产品。如果社群规模扩大，会大幅增加企业的成本，这样的社群便不具备可复制性。运营者需要先调整运营方案，尝试在降低补贴成本的情况下提升社群运营的效果，这样社群才有可能成为能够帮助企业获取更多收益的优质社群。

三、社群运营的目的

社群运营是指运营者将目标用户聚集于同一社群，并通过在群内持续为用户提供价值、维护社群秩序、举办社群活动等运营手段，促使社群成员之间持续互动交流，最终助力企业达到品牌宣传、用户维护、用户裂变、产品销售等目的。

运营者需要借助不同的社群运营手段帮助企业达到不同的目的，因此，在组建社群前，运营者必须明确社群运营的目的，以便有针对性地设计社群运营方案。企业运营社群通常是为了达到以下4个目的。

1. 品牌宣传及产品销售

社群是企业与用户交流的重要平台之一，企业可以在社群中长期、高频地向用户传递信息，从而达到品牌宣传及产品销售的目的。在信息传递过程中，企业无须支付高昂的广告费用，可以通过举办社群活动等方式刺激用户购买产品，提高产品的销售转化率。例如，某餐饮品牌会引导用户加入门店微信群，运营者会在群内不定期举办促销活动，并经常向用户发放菜品券、满减券等福利，刺激用户购买产品，如图7-1所示。

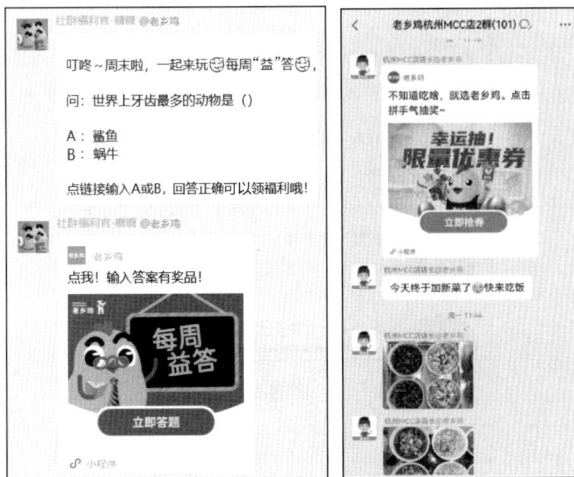

图7-1 某餐饮品牌的微信群

2. 用户裂变

企业在积累一定数量的种子用户后，还可以通过社群实现新用户的裂变，实现拉新的目标。运营者首先需要建立一个高价值的社群，根据目标用户的需求，为群内用户提供课程、红包、奖品等福利，再引导种子用户扩散社群信息，吸引新用户进群，从而实现用户的裂变与增长。

例如，教育行业的企业通常会将低价甚至免费的体验类课程作为引流产品，吸引用户进群领取，并以转发相关营销信息为条件，引导用户转发，吸引更多用户进群，从而完成用户裂变。

3. 用户维护

在社群中，企业不但可以向用户传递信息，还可以与用户沟通，加强和用户的情感连接。同时，企业还可以通过在群内举办福利活动、打卡活动等方式，实现用户促活、增强用户黏性等运营目标。

例如，微博的内容创作者在粉丝达到一定量级后，可以开通粉丝群。开通后，内容创作者可以邀请粉丝进群，并在群内与粉丝互动、推送内容，增强粉丝的黏性，如图 7-2 所示。

图 7-2　微博的粉丝群

4. 服务提供

某些产品本身就包含社群服务，企业需要在社群内完成产品交付。这类社群运营的重点在于确保兑现之前向用户承诺的社群价值，同时以引导用户复购及传播口碑为运营目标。

例如，秋叶团队推出的服务类产品"秋叶写书私房课"，主要围绕"帮新手作者成功出书"这一主题，为用户提供写书、出书相关的咨询、辅导等服务，这些服务主要通过社群提供。用户可以在社群中进行深度交流，也可以在社群中获取更多有价值的信息，如图 7-3 所示。

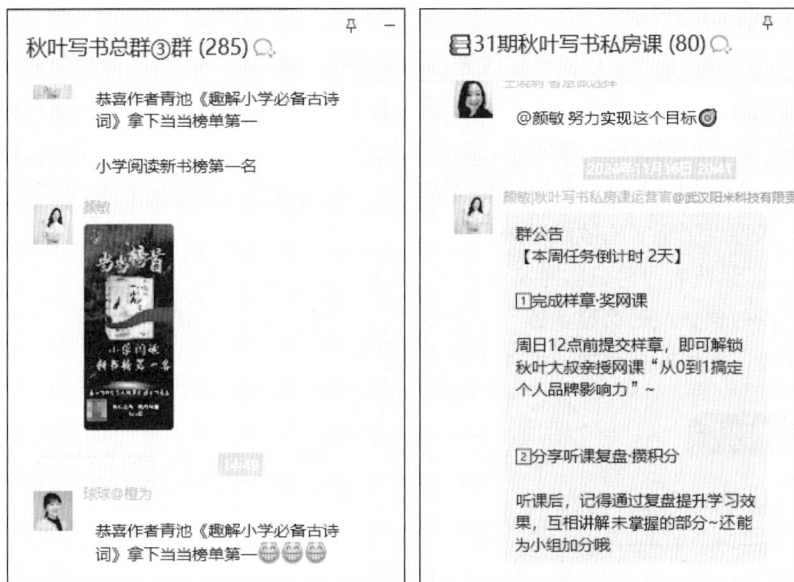

图 7-3　"秋叶写书私房课"社群

四、AI 时代的社群运营

AI 的快速发展和应用让社群运营变得更加高效、精准和个性化，这主要体现在以下几个方面。

1. 自动化管理

智能客服：AI，尤其是聊天机器人和智能客服系统，能够 24 小时不间断地响应用户咨询、解答常见问题，甚至处理投诉，这极大地提高了客服工作效率。同时，通过持续学习客服人员与用户的对话内容，AI 还能不断优化回答，提升用户体验。

2. 内容创作助手

辅助生成基础内容：内容是社群运营的核心，而 AI 在内容创作与分发方面的应用极大地丰富了社群的内容生态。AI 可以辅助生成基础内容，如产品介绍、活动预告、社群话术、活动策划案、文章、视频脚本等，这大大减轻了运营者的工作负担，使得运营者能够持续输出有吸引力的内容。

内容优化：AI 能够实时分析内容并提出优化建议，从而提高用户的参与度和转化率。

3. 个性化互动

智能推荐：AI 的个性化推荐能力不仅限于内容推荐，还可以应用于社群内的活动、产品推荐等场景。通过分析用户历史行为，AI 能精准预测用户可能感兴趣的内容或活动，提高用户的参与度和转化率。同时，AI 还能根据用户反馈持续优化推荐算法，确保用户体验持续提升。

情感分析：AI 不仅能理解文字的字面意思，还能捕捉文字背后所蕴含的情绪色彩。这使得运营者能够更有效地管理社群，及时察觉负面情绪，进而促进社群健康发展。

4．数据监测与分析

在传统的社群运营中，运营者往往通过问卷调查、收集用户反馈等间接方式了解用户需求，难以全面且深入地把握用户的真实偏好。而借助 AI，运营者能够基于用户行为数据，如浏览记录、购买历史、互动频率等，构建高度个性化的用户画像。这些用户画像不仅包含用户的基本信息，更深入挖掘了用户的兴趣偏好、消费习惯乃至潜在需求，为后续的精准营销和内容推送提供了坚实的数据基础。

通过 AI，运营者还可以实时监测社群活跃度、用户增长率、内容互动率等关键指标，快速评估运营效果，及时调整策略。更重要的是，AI 能进行深度数据分析，挖掘数据背后的规律与趋势，为长期战略规划提供科学依据。

课堂讨论

班级同学群是社群吗？

任务总结

社群分为电商型社群、学习型社群和社交关系型社群。社群存在的必要条件有 4 个，即同好/同属性/同目标、有明确的群规、实施运营及管理手段、具备可复制性。社群运营的目的包括品牌宣传及产品销售、用户裂变、用户维护、服务提供。与此同时，AI 的快速发展和应用让社群运营变得更加高效、精准和个性化。

任务二 社群的管理

社群中汇聚了大量用户，并且会有大量信息生成。运营者想要保证社群的质量，就需要对社群进行严格管理，引导用户按照既定的群规在群内交流，维持良好的社群秩序。

一、社群管理中的角色分工

社群管理涉及大量工作，这些工作通常需要不同人员来完成。

1．社群管理工作

社群类型不同，社群管理工作可能也会有所区别。常见的社群管理工作有用户进群管理、社群纪律管理、福利发放、内容输出、作业收集与批改及活跃气氛等，如表 7-1 所示。运营者需要根据社群具体情况梳理出需要完成的社群管理工作。

表 7-1　常见的社群管理工作

工作	具体内容
用户进群管理	对进群用户进行筛选及验证，确保进群用户符合进群要求
社群纪律管理	依照群规对用户的言行进行管理
福利发放	在社群的日常管理及活动中向用户发放福利
内容输出	定期在群内输出有价值的信息
作业收集与批改	收集用户的作业并进行批改
活跃气氛	在群内积极互动，活跃群内的气氛

2. 角色类型

社群中一般有以下角色。

① 创建者

社群的创建者应具备一定的威信，能够吸引一批人加入社群，并且对社群的定位、壮大、未来发展等都有长远且正确的考虑。

② 管理者

社群的管理者需要具备良好的自我管理能力，以身作则，遵守群规；有责任心和耐心，恪守职责；决策果断，顾全大局，遇事从容淡定；赏罚分明，能够对群成员的行为进行评估，并运用平台工具实施奖惩。

③ 参与者

社群参与者背景应多元化，因为只有多元连接才能持续为社群注入活力。一个生命力持久的社群需要每一位群成员深度参与。

④ 开拓者

开拓者需要具备懂连接、能谈判、善交流的特质，以便在不同平台对社群进行宣传，吸引更多用户加入社群。同时，开拓者还应积极促成社群之间的合作。

除上述角色外，一些社群还有分化者（未来大规模复制社群时的超级种子成员）、合作者（负责促进资源互换）、付费者等。

二、群规的建立及施行

群规对用户在群内的行为起到规范和指导作用，运营者应该通过群规让用户了解社群禁止和鼓励哪些行为。

1. 群规的建立

群规一般包括以下 3 个方面的内容。

① 视觉统一

社群的视觉统一涉及以下 3 个方面。

- 群名格式统一：如"社群名 + 序号""群主名 + 归属地 + 序号"。
- 群资料、群公告统一告知：社群管理者提前准备，告知用户相关事宜，如入群后报到、交流方式、自我介绍要求等。
- 成员名格式统一：如"身份 + 序号 + 昵称""归属地 + 类型 + 序号"。

② 用好群公告，告知入群须知

一般群公告的设置可以明确3种行为：鼓励行为、不提倡行为、禁止行为。这是对社群质量的严格把控。

- 鼓励行为：如发表原创内容、入群时进行自我介绍、分享成长感悟等。
- 不提倡行为：如询问"小白"问题、发心灵鸡汤链接等。
- 禁止行为：如发广告、拉票、使用不文明语言、无休止争论、破坏群内和谐气氛等。

③ 自我介绍

是否需要进行自我介绍应根据社群的性质来定。例如，用户加入电商型社群时一般无须进行自我介绍，但加入社交关系型社群时就有必要进行自我介绍。

一般来说，较少参与社交活动或者性格内向的人不太会做自我介绍，在进行自我介绍时往往会比较局促；还有的人在做自我介绍时不知从何说起，或者抓不到重点。针对这些情况，运营者可以提供一个自我介绍模板，让用户在此基础上进行发挥。

2. 群规的施行

运营者在建立并公布群规后，应该严格按照群规管理社群。在群规的施行过程中，有以下4个注意事项。

① 及时处理违规行为

当用户出现违规行为时，运营者要及时对违规行为进行处理，避免违规行为持续对社群造成恶劣影响，同时也避免群内其他用户质疑群规的权威性，否则会将增加后续社群管理的难度。运营者可以考虑安排多人轮流管理社群，以便及时处理违规行为。

② 在群内宣布处罚/奖励结果及原因

对用户进行处罚/奖励后，运营者应该在群内告知其他用户处罚/奖励的结果及原因，加深用户对群规的认知。如果处罚/奖励比较频繁，运营者可在同一时间统一在群内宣布，避免打扰用户。

③ 明确告知用户群规

运营者应该在用户进群前或进群初期明确告知用户群规，以便用户及时了解群规、遵守群规。如果群规内容较多，运营者可以将重点内容单独进行标记并向用户特别强调。

④ 不可随意修改群规

群规必须具有相当的权威性，用户才会遵守，所以运营者在社群运营过程中不可随意修改群规。如遇特殊情况，需要对群规进行调整，运营者应及时告知用户。

课堂讨论

群规是否越严格越好？为什么？

任务总结

社群管理中一般有角色分工，这些角色包括创建者、管理者、参与者、开拓者等。社群要有群规，运营者应严格按照群规管理社群。

任务三　提升社群活跃度

　　社群活跃度是衡量社群质量的重要依据，很多运营者会将提升社群活跃度作为一项重要的社群运营工作。运营者可以通过为社群用户提供价值、设计合理的社群架构及建立社群运营 SOP 3 种方式来提升社群活跃度。

一、为社群用户提供价值

　　用户只有在社群中持续获得价值才会保持活跃。因此，运营者需要根据用户画像明确用户进群的目的，并在社群运营过程中不断提供相应的价值。社群价值一般体现在以下 4 个方面。

1. 满足社交需求

　　社群中聚集了有相同爱好、属性及目标的用户，用户可以在社群中交流、拓展人际关系、互换资源。运营者要想提升社群的社交价值，一方面需要设置进群门槛，对用户进行严格筛选，确保只有符合要求的用户进群；另一方面需要在社群运营过程中不断促进用户之间的连接。运营者可以尝试通过以下 4 种方式提升社群的社交价值。

- 请进群用户进行自我介绍，并记录用户的自我介绍内容，组建社群通讯录。
- 在群内组织活动，促进用户交流。
- 组织线下聚会，帮助用户实现更有深度的连接。
- 社群在运营一段时间后，可以适当引入新用户。

2. 满足学习需求

　　社群可以为用户提供学习的平台，满足用户的学习需求。一些以学习为主题的社群会通过社群授课的方式，让用户进行系统化的学习。运营者还可以组织用户在群内进行碎片化的分享。同时，用户也可以在群内交换学习资料、交流学习心得，以提升学习效果。

3. 提供信息

　　社群是信息传递的平台，用户可以在社群内获取信息。信息的范围比较广，如产品规格、行业动态、新闻报道等都属于信息范畴。

　　运营者在群内发布信息前要注意对信息进行筛选，提供价值相对较高且符合用户需求的信息，避免大量低价值或无价值的信息在群内"刷屏"。另外，运营者也可以对信息的形式进行优化。例如，早报类型的内容可以用图片的形式直接在群内发布；本地便民信息则可以用长图文的形式先发布在公众号上，再将公众号文章的链接转发到群里。

4. 提供即时奖励

　　即时奖励是指用户在完成某个行为后立刻获得的奖励，如现金红包、学习资料、大额优惠券等。即时奖励对用户有较强的吸引力，通常可以用于吸引用户进群，以及鼓励用户完成运营者预设的动作。在社群促活工作中，运营者也可以通过提供即时奖励吸引用户多关注群内的动态，提升社群活跃度。

　　运营者应该根据群主题和目的设置即时奖励，保证其对用户有吸引力。例如，在一个以摄影学习为主题的社群中，运营者赠送修图软件的会员资格就比赠送零食更能吸引用户。并且，即时奖励只能作为活跃社群的辅助手段而非主要手段，如果用户在群内无法获得其他价值，仅通过即时奖励很难维持社群的高活跃度。

二、设计合理的社群架构

社群中的用户按照活跃情况大致可以分为分享型用户、活跃型用户及沉默型用户3类，一个社群的活跃程度与社群中这3类用户的占比情况有关。运营者在设计社群架构时，需要对这3类用户的占比进行规划。

1. 分享型用户

一方面，分享型用户可以帮助运营者分担部分内容输出工作，减少运营者的工作量；另一方面，运营者自身输出内容的深度、范围及类型有限，而分享型用户可以帮助提升群内内容的丰富程度。

运营者可以通过以下两种方式增加社群内分享型用户的数量。

① 邀请KOL进群

运营者可以在日常的运营工作中积累一些行业相关的KOL资源，并尝试邀请KOL在群内进行分享及答疑。

② 发掘及培养群内用户

运营者可以在群内发掘一些输出能力较强的用户，通过给予物质或精神层面的奖励，鼓励这些用户在群内进行分享。同时，运营者也可以培养一些有输出潜力的用户，帮助其成长为社群中的分享型用户。这些用户在社群中获得成长与肯定后，对社群的忠诚度以及在社群中的活跃度也会提升。

2. 活跃型用户

活跃型用户在社群中的占比对社群活跃度有很大影响，但并非所有社群都需要大量活跃型用户。例如，对于一些课程类社群或需要长期提供重要信息的社群而言，如果活跃型用户过多，可能会增加其他用户接收和筛选信息的难度。

所以，运营者需要根据社群的实际情况调整社群的活跃度。如果不希望社群活跃度过高，可以通过分时间段禁言，或者将社群拆分为交流群与重要信息通知群等方式，让社群保持理想的活跃度。如果运营者想提升社群的活跃度，就需要先了解活跃型用户的心理动机，再通过相应的运营手段促使用户在群内活跃起来。用户的4种心理动机及相应的运营手段如下。

① 寻求认同感与归属感

心理动机：用户希望在社群中找到志同道合的人，获得认同感和归属感。

运营手段：组织定期的线上或线下活动，如主题分享会、兴趣小组活动等，让用户有机会展示自己的才艺和观点，同时增加用户之间的了解和互动；设置社群专属标识、徽章或等级制度，增强用户的认同感和归属感。

② 追求价值与成长

心理动机：用户希望在社群中获取有价值的资源，促进个人成长。

运营手段：定期分享行业资讯、专业知识、实用技巧等内容，邀请行业专家或意见领袖开展讲座或直播，为用户提供高质量的学习资源。同时，鼓励用户分享自己的学习心得和成果，营造积极的学习氛围。

③ 享受乐趣与进行娱乐

心理动机：用户希望在社群中享受乐趣和进行娱乐，放松心情。

运营手段：组织轻松愉快的娱乐活动，如游戏、竞赛、抽奖等，增强社群的趣味性和互动性。同时，分享幽默风趣的内容，如搞笑图片、段子、视频等，让用户在轻松愉快的氛围中度过时光。

④ 渴望参与

心理动机：用户希望在社群中发挥自己的作用，参与决策并影响社群的发展。

运营手段：设立用户反馈渠道，鼓励用户提出意见和建议，对提出有价值建议的用户给予奖励或表彰。同时，设立社群管理团队或志愿者团队，让用户有机会参与社群的日常管理和运营，增强他们的责任感和归属感。

综上所述，运营者可以通过了解用户的心理动机，采取相应的运营手段来提升用户在群内的活跃度。同时，持续关注用户的反馈和需求变化，不断优化和调整运营手段，以保证社群持续活跃和健康发展。

3. 沉默型用户

沉默型用户很少参与社群内的交流。然而，在多数社群中，沉默型用户的占比是最高的，并且随着社群的发展，这一占比可能还会提高。

针对沉默型用户，运营者可以发送个性化的问候或关怀信息，表达对他们的关注和重视。这有助于沉默型用户建立对社群的信任感，可能增强他们参与社群交流的意愿。

另外，如果社群需要运营较长时间且对用户活跃度要求较高，运营者也可以在必要时对群内的沉默型用户进行适当淘汰，将一些长期沉默且私信沟通效果不佳的用户从社群中移除，并引入新用户。

三、建立社群运营 SOP

标准作业程序（Standard Operating Procedure，SOP）是指将特定流程的标准操作步骤和要求以统一的格式描述出来，可以用于指导和规范日常的工作。

运营者想维持社群的活跃度，需要不断在群内进行内容输出、用户互动等大量的社群运营工作，这些工作内容繁杂、操作频率高，可能需要多个社群管理角色共同参与。运营者要想保证社群运营工作有效、无误地进行，降低团队成员的沟通成本，就需要制定每日社群运营工作的操作标准，也就是建立社群运营 SOP。

运营者可以通过以下 3 个步骤建立社群运营 SOP。

1. 量化阶段性目标

运营者要将社群运营的总目标拆分为阶段性目标并进行量化。例如，通过社群运营帮助企业实现业绩增长是某社群运营的总目标，但这一目标对社群运营的日常工作指导性不强，运营者需要对这一总目标进行拆分及量化。运营者可以根据社群运营的具体情况，设定当月必须通过目前已有的 10 个各 500 人的社群实现 10 万元的业绩目标。有了具体的、量化的阶段性目标后，运营者就可以制定相应的社群运营策略去实现这一目标。

2. 建立运营工作的基本框架

根据阶段性目标，运营者需要思考可以通过哪些运营工作来实现这一目标。例如，企业要在一个月内通过 10 个各 500 人的社群实现 10 万元的业绩目标，平均每个社群就需要实现 1 万元的业绩目标，运营者可以通过一次社群活动完成其中 7 000 元的业绩目标，再通过日常的运营及维护完成剩下3 000元的业绩目标。

这时，运营者就可以建立日常运营工作的基本框架，明确要达到这一业绩目标需要完成哪些工作。例如，运营者需要在该月内举办一次大型社群活动，同时需要每周在群内发布两次产品链接、邀请一名用户分享产品使用心得、进行一次软文形式的群分享等。

3. 制定社群运营工作的步骤及规范

运营者需要将所有运营工作的步骤及规范梳理出来，具体化为每天的详细工作事项，并标记好完成时间与责任人。运营团队的所有成员可以据此明确自己每天需要完成哪些工作，以及每项工作的完成步骤和标准。

SOP一般以文档、表格、导图或流程图的形式呈现。图7-4所示为AI生成的社群运营SOP思维导图模板，该模板基本上囊括了社群运营工作的方方面面。运营者可以在此基础上增加具体的目标和细节步骤。

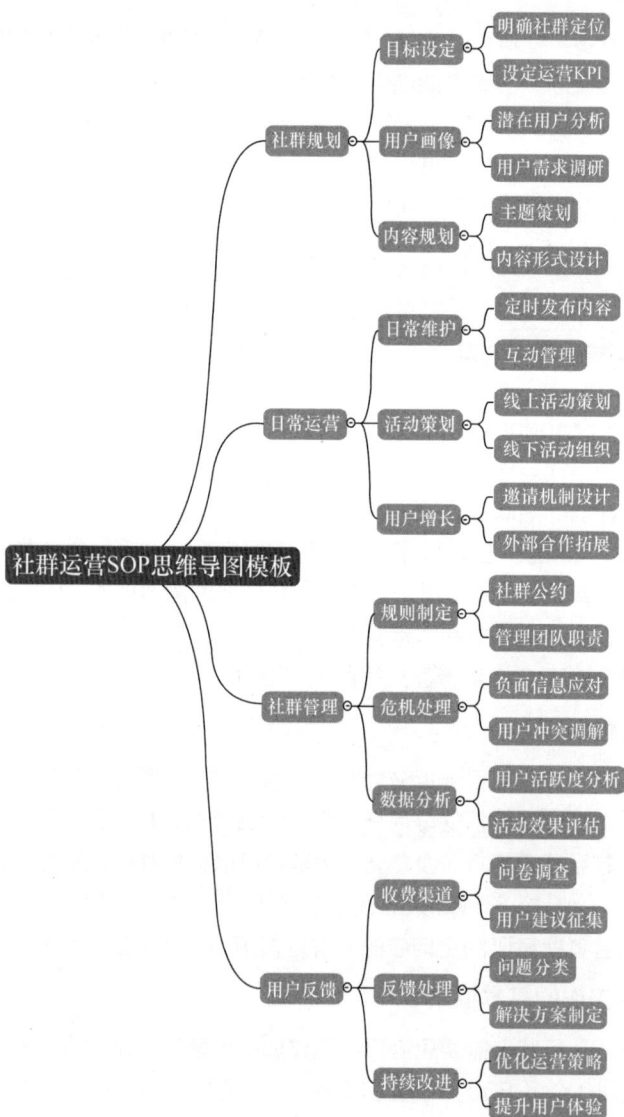

图7-4　AI生成的社群运营SOP思维导图模板

课堂讨论

社群是否越活跃越好？为什么？

任务总结

社群活跃度是衡量社群质量的重要依据，运营者可以通过为社群用户提供价值、设计合理的社群架构及建立社群运营 SOP 3 种方式来提升社群的活跃度。

任务四 提高社群转化率

销售产品是企业运营社群的主要目的之一，运营者必须提高社群转化率才能帮助企业获得更好的变现效果。

一、社群在企业变现中的优势

相较于其他变现方式，社群在企业变现中的优势体现在以下 3 个方面。

1. 私域流量可反复触达

流量可以分为私域流量和公域流量。私域流量是指企业或个人自主拥有、可反复利用且能随时触达的流量。私域流量更注重引导和运营，需要通过沉淀和积累来获取。公域流量也叫平台流量，它不属于个体，而是集体共同拥有的流量，流动性较强，多为"看客"式流量。

在目前的新媒体平台中，像抖音、快手、微博等多以公域流量为主。企业要想将公域流量转化为私域流量，首先需要吸引用户关注、引导用户加入社群等，与用户进行进一步互动，从而形成私域流量。

社群是典型的私域流量形式，可以反复利用，随时触达，因此营销价值也不言而喻。

现如今的流量获取成本有多高呢？以抖音的流量推广数据为例，广告主投放 100 元的"抖+"，内容能获得 10 000 次曝光。如果这 10 000 次曝光中能产生 2 个订单或潜在用户，那就相当于平均获客成本为 50 元/人。相关行业数据显示，根据行业和客单价的不同，获得一个潜在用户的成本从几元到几百元甚至上千元不等。在这一成本背后，除了人工的运营和维护费用，其余的基本是宣传费用，一定程度上来说就是流量成本。

因此，运营好社群，掌握较大的私域流量，一方面可以节省获客成本，另一方面也有利于企业利用社群反复触达用户，促使用户实现转化。

2. 用户黏性强，忠诚度高

社群的用户可能来自短视频账号、直播间、线下活动等。因此，愿意进入社群的用户本质上是经过筛选的用户，是比一般陌生用户更信任企业的用户。再加上社群营销通过持续的互动、内容分享和价值提供，能够建立用户与企业之间的深厚情感连接。这种连接不仅基于产品或服务的交易关系，更是一种信任和认同。

用户对社群的归属感和认同感会促使他们更加忠诚于品牌，愿意长期支持品牌并将其推荐给他人。这种高黏性和忠诚度是其他变现方式难以企及的，它为企业带来了稳定的用户基础和持续的口碑传播。

3. 精准营销，转化率高

运营团队可以对用户进行细分和精准定位，根据用户的兴趣、需求和行为习惯制定个性化的营销策略。这种精准营销不仅提高了营销信息的触达率和接受度，还大大降低了营销成本。同时，社群中的用户往往已经对品牌或产品有一定的了解和认知，因此他们的购买意愿相对较强，转化率相对较高。通过社群营销，企业可以更有效地促进用户转化，实现销量增长。

二、不同社群的变现逻辑

不同类型的社群整合资源的方向不一样，变现的逻辑也大不相同。社群主要可以分为电商型社群、学习型社群、社交关系型社群，在此主要介绍这3类社群的变现逻辑。

1. 电商型社群

电商型社群要想获得商业回报，需要具备以下5个条件。

- 有精准的用户

对于电商型社群来说，并不是用户越多越好，而是用户越精准越好，这样其实现商业变现的潜力就越大。社群聚集了有相同需求的人，运营者可以根据他们的需求编辑、制作内容。

- 有优质产品

电商型社群在某种程度上是以产品来连接用户的。电商型社群的核心价值在于让用户复购，而复购率高的前提是产品优质。因此，运营电商型社群时，首先要考虑所经营产品的质量或所提供的服务的价值，这是电商型社群赖以生存的基础。如果没有对产品质量做好把控，那么电商型社群根本就无法运转起来。如果产品质量非常好，那么产品的知名度就会呈几何级增长，品牌的影响力也会在短时间内快速扩大，因为会有一群人自发对产品和品牌进行宣传。

- 有消费 KOL

在电商型社群中，消费 KOL 是一个非常重要的角色。现如今的电商型社群大多是围绕某个主播或品牌形成的购物群，这些主播本质上就是消费 KOL。消费 KOL 不一定会加入每一个社群，也不一定是本人，但用户大多是因为信任消费 KOL 才选择进群的。

- 有购买氛围

在电商型社群中，运营者往往需要借助一定的营销方法来营造购买氛围，刺激用户产生立即购买的意愿。

- 有传播奖励

社群实现裂变式传播，关键在于给予用户超出他们预期的回报。这里有两个思路：一是提供优质服务，包括物流、售后服务等；二是给予充足的传播福利，给予用户有吸引力的传播奖励，如有吸引力的销售佣金，以激励用户扩散产品信息。

2. 学习型社群

由于运营成本较高，学习型社群大多是付费型社群。目前主流的学习型社群，学习周期一般为 7～28 天，学习费用少则数百元，多则上万元。

学习型社群要想变现，一般需要具备以下几个条件。

- 有知识型产品

学习型社群要想变现，必须有产品。知识本身也是一种产品，基于这一认知，学习型社群所倡导学习的知识必须具备产品的特质。因此，学习型社群中的知识型产品必须能为用户带来价值感和成长感，也就是说，要让用户能够循序渐进地掌握某类实用知识，从而获得成长。

- 有用户策略

学习型社群在不同发展阶段应采取不同的用户策略。在推广期，学习型社群要关注知识需求度高且活跃度高的用户，这类用户加入社群后会积极学习和交流，有可能帮助社群进一步扩大用户基数。

在发展期，学习型社群需要持续向用户输出有价值的内容，同时要注意收集用户的好评。一个分享干货的学习型社群自然会获得好口碑。

在成熟期，学习型社群已经有了忠诚用户和良好口碑，此时就需要投入精力提升知名度。运营者可以联合社群成员，借助各新媒体平台共同提升社群的知名度。拥有一定知名度后，学习型社群自然能够吸引更多用户加入，已加入社群的用户对社群的自豪感会更强，黏性也会更强。

- 开展知识营销

所谓知识营销，就是通过知识型内容向大众传播社群的主题、理念、价值和产品，使大众逐渐认可社群及其产品的价值，进而产生购买意愿。

那么，如何开展知识营销呢？常用的操作方法有：通过社群分享免费的入门知识和资料包；通过公众号推送相关知识文章；通过短视频平台推送相关的知识类短视频；在直播平台开展销讲类直播；出版相关领域的图书等。学习型社群需要通过这种态度中立、内容客观的递进式知识分享，让用户对其产生正面、专业的印象。

3. 社交关系型社群

社交关系型社群的核心价值在于群内用户的价值，通过强化用户之间的连接，帮助用户拓宽视野。社交关系型社群有以下几个特点。

- 有核心人物

社交关系型社群需要有核心人物。也就是说，社交关系型社群搭建和运营的关键在于有一个独具魅力的人，例如樊登读书会的樊登。核心人物起到的是凝聚社群的作用。

- 有入群门槛

社交关系型社群需要通过设置高入群门槛来筛选出同频的人。设置高入群门槛有以下 3 种方法：收取会员费、由老用户推荐、通过任务完成情况筛选。

- 有明确的服务体系

社交关系型社群要想把用户留在社群中，就需要有明确的服务体系，以增强对用户的吸引力。服务内容需要体现社群在增强用户连接方面的优势，并非一定要直接产生商业价值。

- 促进线下交流

社交关系型社群的价值建立在人与人合作的基础上，而合作的前提是信任。人与人之间建立信任最有效的方式不是网上聊天，而是面对面交流。对社交关系型社群而言，让社群成员进行面对面的交流是建立信任的最佳方式。有了线上到线下的连接，有了信任，社交关系型社群内部的商业合作就更有可能实现了。

- 促进项目合作

项目合作对于社交关系型社群来说是必不可少的。当社群中的两名成员或多名成员利用手中的不同资源展开深度合作时，就会齐心协力共同创造一个好的结果。这个好的结果会吸引更多社群成员开展更多的项目合作，从而更多地实现共赢。而一旦社群成员持续进行项目合作，这个社群就会形成优势互补、合作共赢的文化，拥有自己的中坚力量。

对于社群成员来说，因为在社群里能获得很多合作的机会，他们对社群的认可度会越来越高，也就更愿意继续留在社群中，在社群内与他人建立连接、开展合作。这样，社群发展就会进入良性循环。

三、设计高转化率的社群活动

运营者经常需要举办社群活动来提高产品的销售转化率。活动运营的方法可以参考本书项目五，在此基础上，运营者还可以结合社群的特点，对活动运营的细节做一些调整和优化。以微信群为例，一场社群活动的完整流程基本可以划分为以下7个步骤，运营者可以有针对性地对每个步骤的运营手段进行调整和优化。

1. 活动预告

运营者需要在活动开始前2~3天进行活动预告，以提升用户对活动的期待值。运营者可以通过朋友圈、社群、公众号、私信等方式告知用户活动信息。

2. 邀请用户进群

如果活动需要在新建立的社群中举办，运营者就需要在活动开始前先邀请用户进群。部分用户由于某些因素无法及时看到进群邀请，可能会延迟进群，所以运营者需要在活动开始前一段时间邀请用户进群。

运营者在邀请用户时要向其介绍活动的基本情况，并明确告知进群后需要遵守的群规，以降低用户进群后的管理难度。

3. 群内预热

在活动开始之前，运营者需要在群内进行活动预热，吸引用户关注活动。运营者可以通过发放福利的方式进行活动预热，在吸引用户注意力的同时也能活跃群内气氛。

4. 活动执行

在活动执行过程中，运营者需要注意以下事项。

- 用户的注意力有限，活动时间不宜过长，最好控制在3天以内。

- 在活动过程中要不断发放一些福利，以吸引用户的注意力。
- 在销售产品时，可以鼓励已购用户在群内"晒单"，带动其他用户购买。
- 可以在活动前联络老用户，给予老用户一定的福利，请老用户在群内帮助营造氛围，如积极响应活动主持人的提问、分享购买心得等。

5．舆论控制

用户在群内的发言可能会对其他用户产生一定影响。如果群内出现一些有损品牌及产品形象的言论，可能会对活动产生很大的负面影响，因此运营者需要注意对群内舆论的控制。

运营者可以通过严格筛选进群用户以及在用户进群前告知群规的方式降低不良舆论出现的概率，尽可能筛除一些不认可品牌及产品的非精准用户，并确保进群用户都已经知晓群规。在群内出现不良言论时，必要时运营者可先将发表不良言论的用户移出社群，一对一为用户解决问题，待问题解决且用户情绪平复后，再考虑将用户重新邀请进群。例如，如果用户之前购买了不合格的产品，在群内发表对品牌的售后服务不满的言论，运营者可以先将用户移出群，然后在群内对售后范围及售后规则进行说明和承诺，让其他用户放心购买。

6．解散社群

如果社群不需要长期运营，运营者就要在活动结束后解散社群。解散社群之前应该先通过群公告通知用户社群即将解散，避免用户误以为自己被移除出群。同时，运营者也可以告知用户客服的联系方式，方便用户联络和咨询。

7．活动复盘

运营者需要对活动过程中群内产生的聊天记录进行回顾和梳理，提取其中的重要内容，并整理好活动相关数据，用于对活动效果进行评估。

四、设计快闪群

快闪群是指运营周期较短的社群，通常在活动前组建，活动结束后就会解散。与长期社群相比，快闪群留存时间较短，不需要专人长期维护，降低了企业运营社群的成本，但无法持续为企业带来收益。

快闪群和长期社群各有优势，运营者需要根据具体情况选择运营哪种社群，以便达成企业的社群运营目标。一般来说，复购率低、决策成本低的产品，优惠活动产品，以及高附加值或创意类产品更适合采用快闪群玩法。

设计快闪群需要综合考虑多个方面，以下是一些关键策略。

1．选品与用户定位

选品：选择价格适中、价值高、刚需且普适性强的产品，避免选择清仓尾货或平时难以销售的产品；同时，产品种类不宜过多，一般建议不超过 5 种，以免用户陷入选择困难。

用户定位：明确目标用户，了解他们的需求和兴趣，确保选品与他们的需求高度匹配。

2. 预热与引流

预热：通过朋友圈、公众号等渠道发布预热内容，如活动调查、有奖竞猜、拼团预告等，提升用户期待值和参与感。

引流：利用朋友圈、其他社群等渠道精准触达对活动感兴趣的用户，避免干扰非精准用户。

3. 互动与价值展示

互动：安排群接龙、订单"刷屏"、促销倒计时等互动环节，提升快闪群的活跃度和用户参与度。利用"红包雨"、鼓励用户提问等方式营造火爆抢购氛围，增强用户的购买意愿。

价值展示：通过产品介绍、使用教程、用户评价等充分展示产品价值，增强用户的信任感和购买信心。

4. 氛围营造与转化引导

氛围营造：利用倒计时等方式营造稀缺感和紧迫感，刺激用户尽快下单；同时，通过鼓励用户"晒单"、发表好评等方式展示产品热销情况，利用从众心理促进其他用户转化。

转化引导：设置清晰的购买流程和便捷的支付方式，简化购买步骤；安排销售人员或客服人员及时解答用户疑问，提供专业的购买建议和服务，引导用户快速转化。

5. 售后服务与持续运营

售后服务：提供优质的售后服务，确保用户购买无忧；及时处理用户的投诉和问题，提升用户满意度和忠诚度。

持续运营：活动结束后，根据快闪群情况决定是否将其解散或转为长期社群。若转为长期社群，可继续分享有价值的内容，保持用户活跃度和黏性；同时，可以引导用户关注品牌其他平台账号或产品，促使用户持续转化。

6. 数据分析与优化

数据分析：活动结束后对快闪群数据进行深入分析，评估活动效果和收集用户反馈，了解用户参与度、转化率、复购率等指标的变化情况。

优化：根据数据分析结果，调整、优化后续快闪群的运营策略，不断改进选品、预热、活动执行和售后服务等环节，提高成交效率。

课堂讨论

社群转化率与哪些因素有关？如何从这些因素着手提高社群转化率？

任务总结

社群具有私域流量可反复触达、用户黏性强和忠诚度高、有助于开展精准营销、转化率高等优势。不同类型的社群的变现逻辑不同。运营者可以通过设计社群活动和策划快闪群等玩法，促使用户快速转化。

项目实训：拆解一个典型的社群运营案例

1. 实训背景

社群运营作为新媒体运营的重要组成部分，已成为企业获取用户、维护用户、增强用户黏性的关键手段。许多成功的社群运营案例为企业提供了宝贵的经验和启示。

为了让大家更好地掌握社群运营的方法和策略，本实训将带领大家拆解一个典型的社群运营案例，分析其成功因素，为今后的社群运营工作提供借鉴。

2. 实训目的

* 了解社群运营的基本概念和关键要素。
* 学会拆解和分析典型社群运营案例。
* 掌握从案例中提取有价值信息的方法。
* 提升对社群运营策略的理解和应用能力。

3. 实训要求

① 案例选择与材料收集

全班同学按 4～6 人一组分成若干小组，每组选出一名组长，选择一个具有代表性的社群运营案例进行深入研究。案例可以来自不同行业，如电商、教育、娱乐等，但社群必须有一定特色，且最好已经有小组成员加入，以便直接进行观察。

小组成员需分工收集案例的背景信息，包括社群规则与运营目的、目标用户群体、运营团队构成、变现方式、社群特色等，并进行初步分析。

② 案例分析

小组成员针对所选案例，从以下几个方面进行拆解和分析。

* 社群定位：分析社群的目标人群、主题和价值观。
* 社群架构：观察社群的架构。
* 内容运营：分析社群的内容类型、更新频率、互动情况等。
* 活动运营：总结社群活动的类型、举办频率、效果等。
* 用户运营：了解社群成员的活跃度、忠诚度、互动情况等。
* 变现情况：了解社群的变现方式、用户转化情况等。

③ 总结与汇报

小组根据案例分析形成详细的文字报告，由组长进行汇报，老师进行点评。

④ 班级分享与讨论

老师根据各组的汇报情况，选出 1～2 个表现最佳的小组，并说明原因。评选标准包括分析的深度、对比的全面性、结论的科学性以及建议的实用性等。班级同学自行分享自己的研究心得和对比方法，探讨社群运营中的关键成功因素及可能面临的挑战。老师引导同学们总结社群运营的通用原则和方法，以及其在不同行业中的应用差异。

项目总结

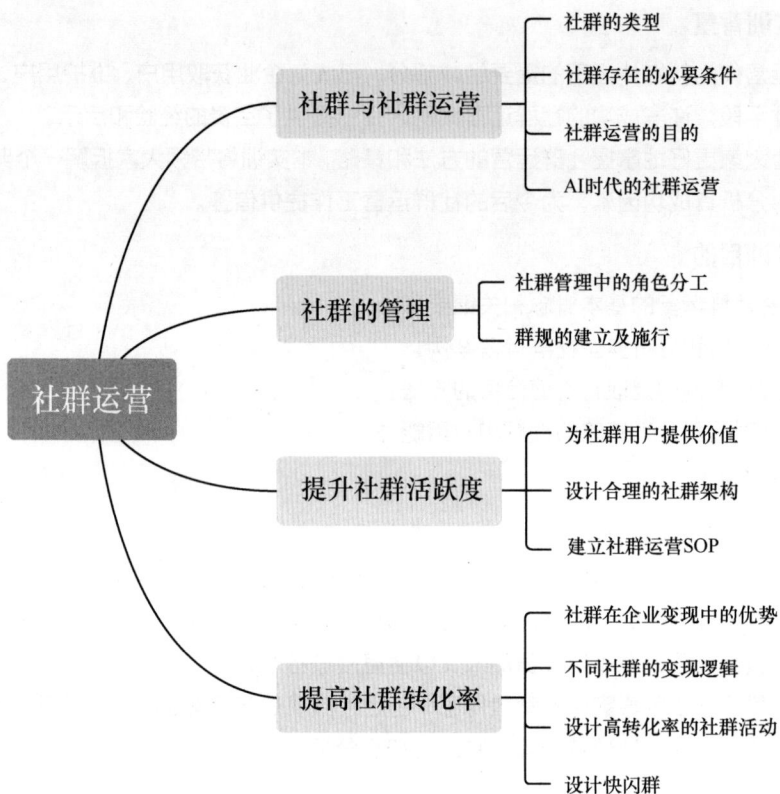

PART 08

项目八
新媒体运营案例拆解

【项目导读】

案例拆解是运营者快速积累运营经验、提高运营水平的常用方法之一。通过案例拆解，运营者能够学习并借鉴有效的运营方法和创意，同时提前了解运营过程中可能出现的错误，进而减少运营工作中的失误。因此，运营者应该学习案例的拆解方法及步骤，通过案例拆解快速获取新媒体运营经验，不断提升新媒体运营能力。

知识目标

➤ 了解案例拆解的价值与技巧。

➤ 掌握案例拆解的步骤，了解案例拆解的误区。

➤ 学会拆解不同的新媒体运营案例。

素养目标

➤ 培养跨领域学习与综合运用的能力。

➤ 提升对新媒体行业趋势的洞察力，关注案例中的道德伦理与社会责任，传播正能量，促进新媒体行业健康发展。

➤ 培养分析问题、解决问题的能力，同时注重保护知识产权与尊重原创精神。

任务一　案例拆解的价值

运营者之所以能够通过案例拆解获取新媒体运营经验，是因为在案例拆解过程中可以代入具体场景，思考案例中运营手段与运营结果之间的因果关系，总结案例的亮点与缺陷。

一、打造新媒体运营案例库

运营者需要收集有借鉴价值的案例，打造新媒体运营案例库，并经常对其中的案例进行拆解，以获取新媒体运营经验。

那么，如何收集合适的新媒体运营案例呢？以下是一些渠道和方法。

1. 竞品账号

在账号起步阶段以及后期内容创作阶段，运营者都应关注竞品账号。竞品账号怎么找呢？以抖音美食类账号为例，介绍以下技巧。

① 搜关键词

在抖音上以"美食"为关键词搜索账号，优先查看一些粉丝较多的账号。不过，有些账号虽与美食相关，但名称中不一定有"美食"二字，直接搜索可能无法找到，此时可以使用关联词搜索法，具体步骤如下。

第一步：进入巨量算数官方网站，单击"算数指数"，在搜索框中输入关键词"美食"，单击"搜索"按钮。

第二步：查看关键词"美食"的"关联分析"页面，如图 8-1 所示，重点关注内容关联词和搜索关联词，可以把"关联分析"页面中出现的词作为二次搜索词，这些词基于抖音后台数据统计得出，具有较高的参考性。

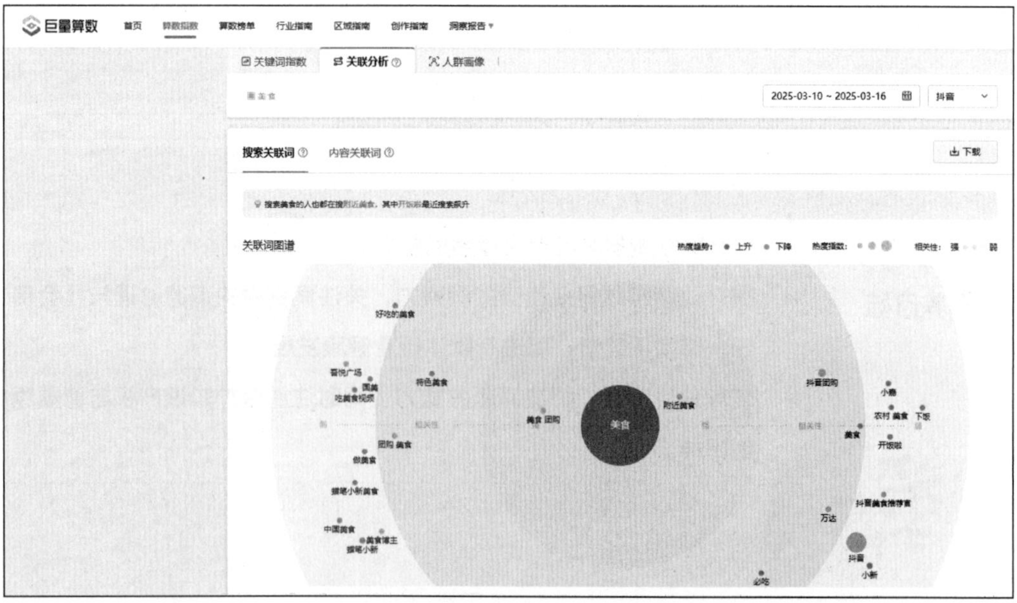

图 8-1　关键词"美食"的"关联分析"页面

② 找类似账号

找到一个对标账号后，点击其主页"私信"按钮旁的三角形，会显示一些与该账号类似的账号，如图 8-2 所示。

图 8-2　找类似账号

③ 浏览垂类账号排行榜

在新榜、蝉妈妈、飞瓜数据、抖查查等第三方数据平台，运营者可以找到垂类账号排行榜。

以新榜为例，在浏览器中搜索"新榜"进入官方网站后，单击左上角的"榜单"，选择"指数榜—公众号"，在分类中选择"文化"，就可以看到公众号平台上的文化类账号榜单，如图 8-3 所示。

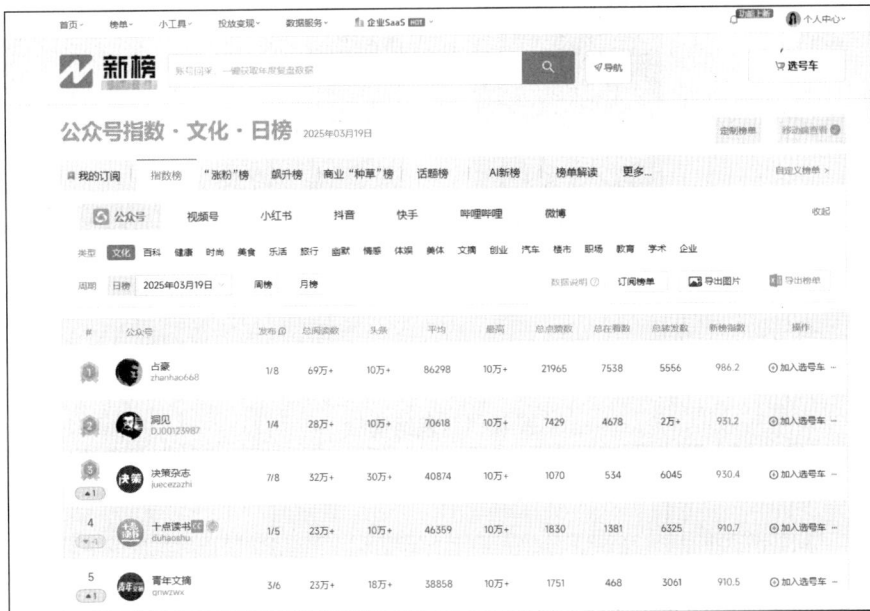

图 8-3　公众号平台上的文化类账号榜单

新媒体运营（AIGC+慕课版）（第2版）

这类榜单是第三方数据平台对账号的作品数、获赞数、累计粉丝数等多项指标进行综合衡量后得出的，具有一定的参考价值。

④ 使用抖音热点宝

抖音热点宝是抖音官方推出的创作者工具，汇集抖音每日热点，具备热点分析和查询功能。

使用方法：在抖音上搜索"抖音热点宝"，点击进入小程序后，选择底部的"订阅观测"，点击"我的观测"，然后选择行业（支持多选），随后点击右上角的"昨日"，选择"近7天"，就能找到近7天行业内"涨粉"较快的账号，如图8-4所示。

图 8-4　用抖音热点宝找账号

找竞品账号时，可以建一个在线表格，将竞品账号的不同指标数据整合到该表格中，方便进行对比，后期找到其他合适的账号也可以随时添加。表格模板如表8-1所示。

表 8-1　表格模板

账号名称	粉丝数量	账号特色	高赞选题及链接	变现方式	其他

2. 行业报告与研究

行业报告与研究是收集新媒体运营案例的重要渠道之一。这些报告与研究通常由专业的市场研究机构、咨询公司、行业协会、大型企业发布，包含大量的行业数据、趋势分析、竞争格局信息及典型案例。

① 市场研究机构

艾瑞咨询、易观分析、QuestMobile 等市场研究机构会定期发布互联网、新媒体、数字营销等领域的行业报告。报告内容通常包括市场规模、增长趋势、用户行为、竞争格局等，以及对行业内典型案例的分析。

② 咨询公司

许多咨询公司，如麦肯锡等，会发布新媒体和数字营销领域的专题研究报告或白皮书。这些报告或白皮书内容通常更为深入、具体，会针对特定行业、市场或问题进行详细的分析和解读。

③ 行业协会

行业协会，如中国互联网协会、中国广告协会等，会发布新媒体相关的行业报告。这些报告通常聚焦行业整体发展状况、政策环境、市场趋势等，同时也会包含一些典型案例和成功经验。

④ 大型企业

一些大型企业，如腾讯、阿里巴巴、字节跳动等，也会发布行业报告。这些报告通常基于企业自身的数据和经验，对新媒体和数字营销领域的发展趋势、市场格局、技术创新等进行深入的分析和预测。

运营团队可以通过搜索引擎、社交媒体等渠道获取这些行业报告与研究。部分报告与研究可能是免费的，而另一部分可能需要付费购买或订阅。

3. 行业网站与门户

一些行业网站，如 36 氪、虎嗅、钛媒体等，经常发布互联网、科技、新媒体等领域的最新资讯和深度分析文章，其中不乏新媒体运营的成功案例。还有一些广告与营销门户，如广告门等，专注于广告、营销领域，提供大量行业资讯、案例分享和趋势分析。

二、案例拆解的 3 个技巧

运营者可以通过以下 3 个技巧，更快地从案例拆解中获得提升。

1. 吸取成功经验和失败教训

一些运营者可能认为拆解案例主要是为了学习案例中的成功经验，但其实发现和总结案例中可优化的环节、吸取失败教训，也能帮助运营者获得很大提升。即使是经验丰富的运营者，也很难保证所有运营手段都绝对正确和有效。吸取失败教训有助于运营者避免在今后的运营工作中出现类似的错误。

例如，运营者在拆解竞争对手的直播案例时发现，其直播间由于主播说了某些违禁词被平台警告、限流，甚至被封，那么就要将这些违禁词记录下来，避免自己在直播时提及这些词。

2. 选择有价值的部分进行拆解

运营者在拆解案例的过程中会发现，有的案例可能只有部分内容值得借鉴。并且，拆解一个完整的案例往往要花费较多的时间与精力。因此，运营者可以尝试对部分案例仅选择其中有价值的部分进行拆解。

例如，运营者计划在微博举办一次抽奖活动，希望通过该活动使企业微博账号"涨粉"。运营者在设计活动海报时希望通过案例拆解获得一些灵感，经过查找相关案例，发现某电商品牌在淘宝举办的抽奖活动的海报值得借鉴。这时，运营者只需对该海报进行拆解，不需要对电商品牌的整场活动进行拆解。

3. 借鉴他人的案例拆解方法

案例拆解需要运营者具备一定的运营能力，如果运营者自身运营能力不足，在拆解案例时可能会遇到拆解深度不够的问题，无法通过有效分析找出案例中可以学习和借鉴的部分。

运营者如果发现自己在拆解案例时拆解深度不够，可以先学习他人的案例拆解方法，了解经验丰富的运营者拆解案例的流程及其在拆解过程中的重点关注事项，再找一些类似的案例尝试自己拆解，逐步提升自己的运营能力。

课堂讨论

拆解失败案例有哪些价值？

任务总结

案例拆解是新媒体运营工作中必不可少的一环。运营者需要经常收集有借鉴价值的案例进行拆解，可以通过竞品账号、行业报告与研究、行业网站与门户等渠道收集案例。在案例拆解过程中，运营者可以运用以下3个技巧：吸取成功经验和失败教训、选择有价值的部分进行拆解、借鉴他人的案例拆解方法。

任务二　案例拆解的步骤及误区

运营者可以按照既定的流程拆解案例，以此提高案例拆解的效率，同时避免案例拆解工作出现遗漏。此外，运营者还应注意规避案例拆解过程中常见的误区。

一、选择拆解对象，收集案例数据

运营者首先要选择合适的案例作为拆解对象，并收集案例数据。

1. 选择拆解对象

运营者在选择要拆解的案例时，要考虑该案例对自己的运营工作是否具有较大的参考价值。如果一些优秀案例与自己的运营工作相关度不高，可借鉴的内容就会相对较少。运营者在选择案例时，可以思考以下 3 个问题。

- 该案例与自己的运营工作是否存在较大关联？
- 该案例中是否有可借鉴的内容？
- 该案例中是否有需要优化的内容？

2. 收集案例数据

运营者如果需要案例的详细数据，可以通过数据分析工具查找，数据分析工具的介绍可参考本书项目二。

二、撰写案例拆解报告

完整的案例拆解报告应该包含案例背景、活动流程、可优化部分及可借鉴部分 4 项内容。

1. 案例背景

运营者应该了解案例发生的背景，包括案例所属的行业、案例目标、案例的目标用户等。了解案例背景能使案例拆解工作更有针对性。

2. 活动流程

运营者需要按照时间线梳理活动的完整流程，将活动拆解为多个关键环节，并对各个环节所运用的运营手段与其目的及所达到效果之间的关联进行深入分析和思考。

3. 可优化部分

一些成功案例中也可能存在可优化的部分。运营者可以将自己代入场景中进行深度思考，找出可优化的部分，在以后的运营工作中避免类似的问题出现。

4. 可借鉴部分

一个案例可能有很多亮点，但并非每个亮点都可以被运营者借鉴。可借鉴的部分必须能够对运营者的运营工作起到指导作用。运营者需要对案例中可借鉴的部分进行重点标记，并在之后的运营工作中加以运用；对于其余不具备可借鉴性的案例亮点，运营者可以简单了解，以拓宽自己的运营思路。

三、案例拆解常见误区

在案例拆解过程中，存在一些常见的误区。这些误区可能会导致运营者无法吸取正确的运营经验，运营者应该注意规避。

1. 照搬

运营者拆解案例是为了借鉴其亮点，但借鉴不等于照搬。运营者应该理解案例的底层逻辑，学习案例中的运营思路，而不是完全复制案例中的运营手段。

运营工作要取得良好的效果，运营者必须根据实际情况制定有针对性的运营方案。照搬的运营方案不一定能解决实际问题，很可能导致运营工作无法达到理想成效。运营者应该明确运营手段和运营结果之间的因果关系，深入学习案例中的运营思路。

2. 重复拆解雷同案例

运营者可以通过拆解多个相似的案例，加深对某一类案例运营思路的印象。然而，如果重复拆解雷同的案例，则很难提升运营能力。运营者在掌握某一类案例的运营思路后，可以尝试寻找其他类型的案例进行拆解，以获取新的运营经验。

3. 关注缺点，看不到优点

在拆解案例时，有些运营者过于关注案例的不足之处，而忽略了其优点和成功之处。这种做法会导致运营者无法全面、客观地评价案例，从而错失学习机会。

在拆解案例时，运营者要保持客观、全面的态度，既要看到案例中的不足之处，又要看到其优点和成功之处；要重点关注案例中的成功经验和亮点，思考如何将这些经验应用到自己的运营工作中。拆解完案例后，运营者应及时进行总结和反思，提炼出可借鉴的经验和应吸取的教训，为日后的运营工作提供参考。

四、巧用 AI 快速完成案例拆解

面对海量的信息和复杂多变的运营策略，传统的人工拆解案例方法往往耗时费力，难以取得理想效果。幸运的是，随着 AI 技术的飞速发展，运营者可以借助强大的工具来辅助这一过程。下面将详细介绍如何巧用 AI 工具快速完成新媒体运营案例的拆解，让运营效率更高。

第一步，收集案例资料。

拆解案例之前，首要任务是收集详细的案例资料，包括但不限于案例的背景信息、目标受众、运营策略、执行过程、关键数据（如阅读量、点赞数、转发量、评论量等）、最终成果以及市场反馈等。

运营者除了利用搜索引擎查找行业数据、相关报告、案例相关陈述等内容外，还可以用秘塔 AI 收集案例相关资料。例如，运营者要收集关于酱香拿铁（瑞幸咖啡与茅台联名推出的一款咖啡）的新媒体营销资料，可以在秘塔 AI 的"研究"模式下搜索"酱香拿铁 新媒体营销"，如图 8-5 所示。

图 8-5　秘塔 AI 搜索示例

这样运营者不仅可以找到有关酱香拿铁这个案例的综述和分析，还可以获取整个案例的营销时间线，以及相关信息的来源等，如图 8-6 所示。

图 8-6　秘塔 AI 生成的结果

综上所述，对于海量的案例资料，运营者要逐一查看，筛选出有价值的内容，并将所有有用的信息整理到一个文档中，或者将所有信息链接收集起来，以便后续提问时使用。

第二步，找到拆解重点，预设提示词。

将收集的案例资料以文档形式或链接形式提供给 AI，并进行提问，提示词示例如下。

> 请读取以上文档信息（链接内容），根据内容帮我拆解"酱香拿铁"这个案例。
>
> 1．拆解重点
>
> 运营目标：分析案例中的运营目标，了解其背后的战略意图。

内容策略：研究案例中的内容创作、发布和传播策略。

渠道选择：探讨案例中使用的推广渠道及其优劣势。

用户互动：分析案例中的用户互动策略。

数据分析：关注案例中的数据分析方法，了解其如何优化运营效果。

2．回答以下问题

这个案例的运营目标是什么？它们是如何与关键绩效指标（KPI）挂钩的？

在内容策略方面，该案例有哪些独特之处？它是如何吸引目标受众的？

案例选择了哪些渠道进行推广？如何比较这些渠道的效果？

在用户互动方面，案例采取了哪些措施？这些措施是如何促进用户互动的？

在创意执行方面，案例有哪些值得注意的亮点？相关运营者是如何克服执行过程中的困难的？

第三步，进一步提问。

根据相关资料进行提问后，AI 能够迅速给出较为详细的答案。运营者还可以在第一次答案的基础上进一步提问，从而对案例进行深度拆解。

提示词示例如下。

案例的运营效果如何？它是否实现了预期的投资回报率（ROI）？有哪些成功的要素可以借鉴？

案例使用了哪些数据分析工具？这些工具如何助力运营者优化运营活动？

请将上述问题的答案整理成一份完整的案例分析报告。

一般来说，只要案例资料足够完整，再经过多次提问，基本上就可以得到关于案例的较为完整且详细的分析报告。

📖 **课堂练习**

找一张活动海报，分析其优缺点，找出可优化部分并给出优化建议。

🖥️ **任务总结**

案例拆解的流程一般为先选择拆解对象并收集案例数据，再撰写案例拆解报告。另外，在拆解案例时，运营者需要注意避免照搬案例、重复拆解雷同案例，以及只关注缺点而看不到优点。运营者还可以运用 AI 工具快速完成案例拆解。

任务三　不同的新媒体运营案例拆解

下面将从不同的角度分析一些较为典型的新媒体运营案例。

一、用户运营案例拆解之老乡鸡

老乡鸡是一家起源于安徽合肥的中式快餐连锁品牌，创立于 2003 年，截至 2024 年年底，老乡鸡在全国的门店数量已经超过 1 100 家。无论从用户口碑还是市场占有率来看，经过 20 多年的发展，老乡鸡已成为中式快餐的代表品牌。老乡鸡的品牌标志如图 8-7 所示。

图 8-7　老乡鸡的品牌标志

老乡鸡的用户运营工作较为出色，这体现在拉新、促活、转化、留存等环节。

1. 拉新：福利赠送

在竞争激烈的餐饮市场中，如何吸引新用户是每个品牌都需要解决的问题。老乡鸡在这方面做了很多努力，通过多种方式吸引新用户。

2023 年 9 月底，老乡鸡董事长在社交媒体上宣称，在老乡鸡 20 周年庆到来之际，要请全国人民吃午饭。这一消息在网上掀起讨论热潮，一度冲上热搜榜单。大多数网友表示怀疑，认为"天下没有免费的午餐"，免费吃肯定有条件，例如要办理会员等。

然而，老乡鸡没有食言。10 月 8 日中午 11 点，老乡鸡在全国 1 000 余家店铺推出免费吃饭活动。此次活动没有任何附加条件，用户既不需要办理会员，也不需要在朋友圈发布相关动态或达到满减要求，只要进店就能免费吃饭，还可获赠零食小礼包。老乡鸡的免费吃饭活动海报如图 8-8 所示。

图 8-8　老乡鸡的免费吃饭活动海报

此次免费吃饭活动吸引了大量用户参与，为老乡鸡赢得了口碑和好评，还登上了当天的微博热搜榜。网友纷纷表示"老乡鸡，大气""天下真的有免费的午餐"。相关数据显示，截至当日下午 2 点，老乡鸡一共送出了超过 54 万份套餐、56 万份伴手礼，其中很大一部分人是第一次去老乡鸡吃饭的用户。此次活动无疑是成功的。

从拉新角度看，老乡鸡通过免费赠餐的策略，实现了一次极为成功的用户吸引与品牌曝光。免费赠餐作为一种创新的营销手段，不仅直接降低了用户尝试的门槛，还激发了用户的好奇心和参与热情。当用户得知有机会免费品尝老乡鸡的菜品时，更愿意主动前来体验，从而与老乡鸡有了初步接触。同时，免费赠餐也激发了用户的分享欲望，他们在社交媒体上自发传播这一信息，进一步提升了品牌的曝光度和影响力。相较于传统的广告投放，这种方式不仅成本更低，而且效果更加显著和持久。

老乡鸡还开展了其他活动，如免费吃饭、半价活动、送优惠券、老带新（老会员邀请新会员）送菜品等活动。每次活动都是拉新的重要契机，让老乡鸡在更多用户心中留下深刻印象。这种近距离的接触也让用户对老乡鸡的产品和服务有了直观感受。

2. 促活：私域激活

多年的口碑积累为老乡鸡沉淀了一定的品牌影响力，使其拥有大批忠实用户。拥有大量忠实用户后，如何保持用户的活跃度至关重要，因为这会影响用户的到店率和消费量。老乡鸡在这方面采取了一系列措施。

一方面，老乡鸡积极进行私域流量管理。为了更好地与用户建立联系并维护用户关系，老乡鸡积极引导用户添加店员的企业微信，将用户纳入自己的私域流量池，利用企业微信平台与用户进行沟通并提供服务。

另一方面，老乡鸡会根据不同地区建立专门的微信群，以便组织各类线上、线下活动。

基于强大的社交网络基础，老乡鸡经常策划各种有趣的社群活动，包括猜谜、答题赢菜品等。这类活动不仅能加深品牌与用户的情感联系，还能增强用户对品牌的认同感和归属感。

3. 转化：活动引导

即使有了足够的潜在用户资源，如果不能促使其产生实际购买行为，企业也难以实现商业目标。对此，老乡鸡采用了多种策略来促进用户转化。

* 限时折扣。老乡鸡不定期推出限时折扣活动，例如"周末特惠日""秋至送鸡汤"等。每到各种节日，老乡鸡就会以较低的价格销售部分产品，其目的在于刺激用户产生购买欲望，促使他们在短时间内完成交易。
* 套餐捆绑销售。结合季节变化或特殊场合，老乡鸡会设计出多种类型的套餐供用户选择，这些套餐价格适中，包含早、中、晚餐多种类型。相较于购买单品，套餐往往更具性价比，因此更容易吸引用户下单。
* 积分兑换。用户在老乡鸡消费可积累积分，积分达到一定数量就可以用于兑换菜品等。通过设置合理的积分获取规则与兑换门槛，可以刺激用户产生长期支持品牌的意愿。
* 跨界联名活动。老乡鸡经常会与热门品牌开展联名活动。2024 年 4 月，老乡鸡官宣联名热播剧《与凤行》，主推梅干菜凤爪翅。次日起，所有到店购买这道菜的用户，以及通过第三方渠道购买相关套餐的用户，均可获赠联名贴纸，如图 8-9 所示。通过联名，老

乡鸡借助《与凤行》的高热度和广泛的观众基础，不仅提升了自身品牌的曝光度和话题度，还成功吸引了"剧迷"群体的关注，实现了用户的有效转化。

图 8-9　老乡鸡的跨界联名活动

4. 留存：会员吸引

对于任何一家企业而言，维护好现有用户远比不断寻找新用户更为重要。老乡鸡的用户留存策略与会员制度密切相关，它有效提高了用户的回头率和到店率。

老乡鸡的会员制度包括多种类型，如连续包月、连续包季和购买月卡等，以满足不同用户的需求。用户可以通过老乡鸡的官方渠道（如官方网站、App、线下门店等）进行会员的开通和续费。

成为老乡鸡的会员后，用户可以享受一系列专属权益，包括用餐享受 8.8 折优惠、每周四免费领取鸡腿、每周一早餐免费领鸡蛋、以低于市场价的价格购买土鸡蛋、超级会员节半价就餐等。这些权益使得用户的到店率大大提高，尤其是每周四的到店率。官方数据显示，在超级会员节的成功加持下，2024 年 5 月，合计超 50 万人开通或续费老乡鸡会员，其会员人数达到 70.8 万人。

总之，老乡鸡的会员制度在多个方面促进了用户留存。通过提供丰富的会员权益、降低消费门槛、提升用户体验、实现精细化运营以及促进口碑传播等措施，老乡鸡成功地构建了稳定且忠诚的用户群体，为品牌的长期发展奠定了坚实的基础。

二、内容运营案例拆解之公众号秋叶 PPT

职场办公类公众号秋叶 PPT 主要聚焦于 PPT 设计、PPT 汇报技巧等内容。它凭借精细化的内容运营和精准的目标受众定位，吸引了大量职场人士和学生群体的关注。

下面从账号定位、内容特色、互动策略、内容变现4个方面对秋叶PPT的内容运营策略进行分析。

1. 账号定位

秋叶PPT创建于2013年，定位于提供PPT方面的知识和技巧。这一定位使得该公众号能够吸引对PPT制作有需求的特定人群，如学生、职场人士等，用户群体覆盖面较广。

经过多年优质内容的积累和有效的用户运营，截至2024年年底，秋叶PPT粉丝量突破260万名，粉丝黏性较强，其发布的文章阅读量经常超过10万次。

不过，账号的定位并非一成不变。2023年，随着AI热潮的爆发，秋叶PPT团队也与时俱进，将AI与PPT结合，在公众号中增加了AI板块，内容中也增加了对AI知识的讲解，为读者带来了更便捷的PPT应用方法。图8-10所示为公众号秋叶PPT的界面。

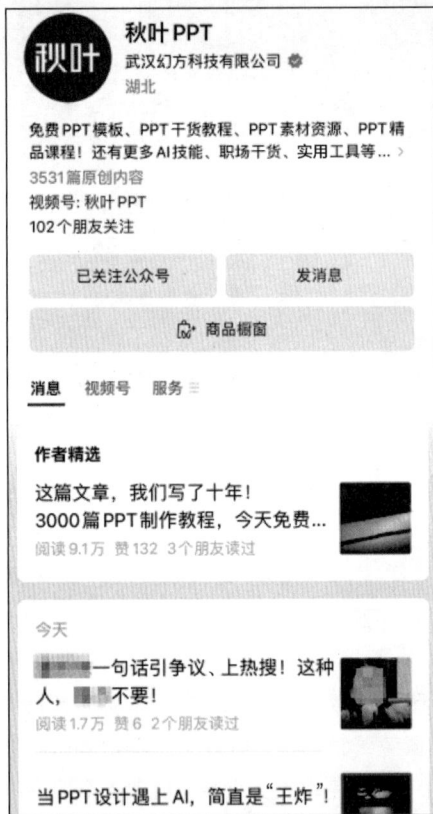

图8-10 公众号秋叶PPT的界面

2. 内容特色

秋叶PPT虽然以PPT知识讲解为核心，但内容并非枯燥的工具类知识讲解和技巧传授，而是将知识点融入多样化的选题之中，经常涉及社会性话题、网络热点话题、职场办公话题等。因此，无论用户是否对PPT学习感兴趣，都有可能被其内容吸引而关注该公众号。

通过秋叶PPT团队的公开采访和日常发布的内容可以发现，秋叶PPT的文章有以下特色。

- 实用性强

作为职场办公类公众号，秋叶 PPT 团队致力于让每一篇文章都能为用户提供一个职场办公小技巧。在选题上，团队注重实用性，思考选题对职场人士是否有帮助，能不能解决他们在工作或学习中经常遇到的问题。例如，《央视力挺的 B 站简直是个学习宝藏，强烈推荐这 20 个良心 UP 主》这篇文章被 6 000 多名用户转发。

为了增强实用性，团队还绘制了包含职场"干货""神器"工具的知识地图，很多选题便是从知识地图中来的。

- 受众面广

受众面越广，意味着文章可能被更多人阅读，传播范围也可能就越广。

秋叶 PPT 的选题内容往往都指向明确的受众。例如，《职场汇报工作，务必掌握这几点》这篇文章是写给职场人士看的，他们看到标题后打开文章的可能性很大。

- 话题度高

一个选题如果受众面很广，但话题度低，则很难产生"爆文"；如果话题度很高，哪怕受众面窄一点，也可能产生"爆文"。

团队深知话题的重要性，因此很多选题是在各大平台的职场热榜上搜寻到的，都是高关注度和热议度的社会性话题和热点话题。例如，《同事问你工资多少，记住这 7 个不回答套路，既不得罪人也不为难领导》这篇文章有 10 万多次的阅读量。

- 时效性强

追热点要及时可以说是每一个运营者的共识，关于同一个热点的文章在当天推送和在一周后推送，阅读量会有很大差异。原因有 3 点：一是很多用户可能已经在其他地方看过相关文章了；二是用户的注意力可能已经被其他热点吸引了；三是这个热点可能已经过时了。

秋叶 PPT 的文章几乎都能及时抓住热点，这使得账号经常产出"爆文"，不过这也较为考验编辑的快速组稿能力。当然，快不等于好，团队有时会选择牺牲时效性，花时间打磨好文章。

- 传播性强

一般来说，有趣的、为用户发声的选题，以及总结合集类选题，传播性更强。这一点在秋叶 PPT 的文章中体现得很明显，例如《请假羞耻症、外卖羞耻症？打工人别再自我怀疑了！》这篇文章被 4 300 多名用户转发。

另外，"干货"合集类的选题传播性也不错，例如《网上有哪些优质的学习资源？我一次整理了 150 个，全部都免费》这篇文章被 7 000 多名用户转发。

这类传播性强的文章阅读量远高于账号文章的平均阅读量，对"涨粉"有一定的促进作用。

3. 互动策略

很多用户起初关注秋叶 PPT，可能并非是被文章所吸引，而是被互动设置所吸引。秋叶 PPT 不仅为用户提供 PPT 知识，还免费提供 PPT 模板及众多学习资料和素材，用户关注公众号后回复关键词即可获取，具体如下。

关注后回复【知识】，能获取 3 000 多篇精华 Office 教程。

关注后回复【模板】，能得到超 4GB 精选 PPT 素材资料包。

关注后回复【神器】，能获取超多好用的办公工具。

关注后回复【课程】，能领取 100 门免费课程和 40 个高质量的自学网站地址。

关注后回复【进群】，能申请加入高质量 PPT 交流群。

除此之外，账号还经常设置各种与 PPT 相关的福利活动吸引用户参与，同时也建立了多个粉丝群。由于互动措施到位，秋叶 PPT 的用户黏性较强。

4. 内容变现

秋叶 PPT 早已完成了流量和内容的良性闭环，实现了持续变现。其变现方式有以下几种。

- 承接外部广告。秋叶 PPT 的文章中会少量植入"软文"宣传外部产品，但这些产品都跟职场办公高度相关，如笔记本电脑。秋叶 PPT 发布外部广告的频率不高，并且其对产品质量进行了把关。

- 内部课程、图书、服务售卖。秋叶 PPT 所属的企业出版了大量职场技能相关图书，并推出了对应的课程。这些课程会在公众号文章结尾进行广告植入，引导用户购买。

- 内部课程引流转化。图 8-11 所示为秋叶 PPT 的菜单栏，其中有 1 元课程购买链接以及免费学习手册领取链接，这些都是为了吸引用户学习后购买正价课程，属于一种引流设计。

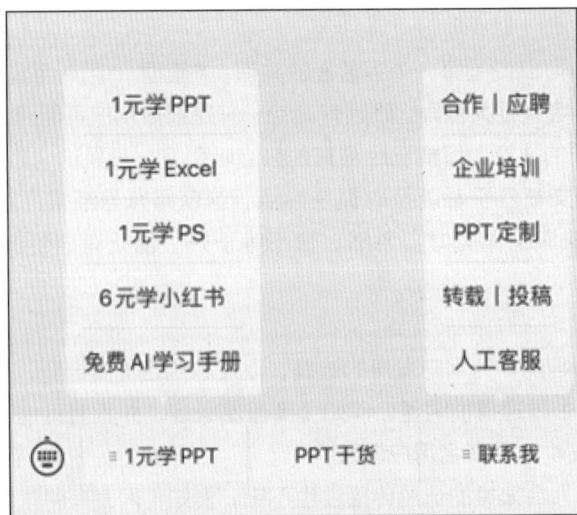

图 8-11　秋叶 PPT 的菜单栏

- 定制服务。秋叶 PPT 团队还提供企业培训和 PPT 定制服务，这些服务与公众号的内容高度相关。

除此之外，视频号和公众号后台关联后，视频号直播也会推送给公众号粉丝，所以秋叶 PPT 还可以通过直播获取收益。

以优质内容为基础，以粉丝福利为吸引点，加上多样化的变现方式，且前端内容与后端产品高度关联，这些因素综合起来，使得秋叶 PPT 能够在公众号整体流量下滑的情况下依然持续"涨粉"。

三、活动运营案例拆解之秋叶 PPT 模板节

2024 年年底，秋叶 PPT 团队举办了一个主题为"你的年终汇报模板我包了"的 PPT 模板节活动。团队通过公众号文章、私域社群、朋友圈、微博等渠道扩散活动信息，吸引了大量用户扫码进群并领取 PPT 模板，最终实现了引流和转化的目标。

1. 活动玩法与流程

从 2024 年 11 月 15 日发布活动信息，到 12 月 4 日直播教授 PPT 汇报技巧，此次秋叶 PPT 模板节活动前后持续了 20 天，是一场时间跨度大、涉及人员多、流程较为复杂的大型新媒体活动。

此次活动的玩法与流程可以归纳为 4 个阶段。

第一个阶段，收集 PPT 模板需求。从 11 月 15 日开始，秋叶 PPT 团队通过公众号、往期社群、运营者朋友圈、微博等渠道连续发布活动预告信息，征集用户关于年终汇报的 PPT 模板需求，宣传图如图 8-12 所示。用户通过公众号/社群/微博等渠道接触秋叶 PPT 模板节的相关信息，扫码添加运营者微信，运营者发出调查问卷，收集用户关于年终汇报的 PPT 模板需求，包含行业、PPT 模板风格等需求信息。

图 8-12 秋叶 PPT 模板节宣传图

第二个阶段，PPT 模板设计揭秘。在用户添加运营者微信并提交 PPT 模板需求后，运营者会引导用户进入社群。用户一方面可以观看直播，学习 PPT 相关知识点，另一方面可以参与相关话题讨论。在这个阶段，秋叶 PPT 团队安排了 3 位领队导师和 30 位实战设计师共同为大家制作 PPT 模板。

第三个阶段，定制 PPT 模板发布。12 月 2 日，50 套适用于各行业的 PPT 模板发布。运营者通过公众号、直播间、微博、小红书等平台发布 PPT 模板获取方式（进群领取），继续引导新用户进群获取 PPT 模板。

第四个阶段，年终汇报攻略。用户在领取 PPT 模板后，还可以继续观看两场有关职场年终汇报的主题直播。在这两场直播中，主播会推荐用户购买"秋叶 PPT 训练营"和"秋

叶 AI 设计全能班"等课程产品，促进本次活动的流量转化。

此次活动的时间选在 12 月前后，这正是众多职场人士需要做年终总结 PPT 的时间节点，而寻找 PPT 模板是职场人士做 PPT 的痛点，秋叶 PPT 团队根据这一需求，推出秋叶 PPT 模板节活动，能够在很大程度上吸引用户。数据显示，此次活动共引导 8 000 多名用户进入社群，直接变现和间接转化金额达到 20 万元。

2. 活动策略与分工

此次活动，无论是从流量端的导流数据来看，还是从最后的变现数据来看，都是成功的。要使这种大型活动效果好且达成活动目标，团队在活动策略和分工方面都必须做好充分的准备和规划。

此次秋叶 PPT 模板节活动，从人员分工来看，可分为内容端、社群端、研发端和直播端。

（1）内容端：多渠道引流

为使此次活动被更多用户看见和参与，团队在多个渠道、采用多种方式进行了活动曝光，其中以公众号宣传为主。秋叶 PPT 公众号前后发布了近 20 篇文章进行宣传，其中头条文章接近一半。其账号矩阵中的秋叶 AI 知识星球也转发了相关信息。

此外，团队的多个企业微信账号都发布了此次活动相关的朋友圈信息，还与部分用户私聊。这些宣传文案内容有趣、形式多样，如图 8-13 所示。据不完全统计，这些企业微信账号承载的私域用户数量高达数十万人。

图 8-13　秋叶 PPT 模板节宣传文案

在小红书、微博等平台，秋叶 PPT 官方账号也发布了相关营销信息，将用户引流到微信私域。

新媒体渠道全方位的曝光，加上戳中职场人士痛点的话题及文案，吸引了大量用户参与活动。

（2）社群端：用户留存与激活

通过一对一私聊收集用户关于年终汇报的 PPT 模板需求后，如何进一步留存用户呢？引导他们进入社群是个不错的选择。

此次活动中，团队选择以企业微信群承载用户，一个群满员后自动建立新群、自动发欢迎语等功能大大减少了团队的工作量。截至 12 月中旬，此次活动共组建了 50 个社群。在社群中，运营者一方面通知用户观看相关直播，学习年终汇报知识点，另一方面引导他们参与 PPT 相关话题讨论。

PPT 模板最终是怎样的、适用于哪些行业，用户提的需求能不能满足等话题也使得该阶段的社群用户有一定的活跃度。尤其是 PPT 模板设计师也在群中和用户讨论、展示 PPT 模板制作进度，这大大提高了用户对最终 PPT 模板的期待。

此次活动结束后，社群并没有解散，团队紧随其后还策划了年会 PPT 模板活动，并在群中发布相关信息，吸引用户继续留在群中。

（3）研发端：根据需求定制 PPT 模板

在社群端留存用户的同时，研发端也在紧锣密鼓地制作 PPT 模板，这些 PPT 模板需要根据用户提交的需求来制作。

值得一提的是，此次的研发端人员不仅有团队的 PPT 研发老师，还有往期秋叶 PPT 课程的学员，他们通过以往的学习掌握了较为精湛的 PPT 制作技能，参与此次 PPT 模板设计是学以致用的体现，这也为后面的课程转化与变现埋下了伏笔。

同时，研发端和社群端形成联动，在群中"剧透"PPT 模板制作过程和进度，既激起了用户的好奇心，又提升了研发端老师的存在感（这些老师也是后续课程的老师），增强了用户的信任感。

（4）直播端：主题分享与流量转化

此次活动前后，团队共准备了 4 次主题直播，主题如下。

- 在线改稿直播。此次直播时间在 PPT 模板揭晓前，主播通过直播，展示如何将一份质量一般的 PPT 优化成一份高质量的 PPT。
- PPT 模板运用直播。此次直播时间在 PPT 模板揭晓当天，直播内容为如何更好地运用 PPT 模板。50 多份 PPT 模板通过公众号和直播间派送，吸引了很多流量。
- 职场汇报技巧直播。做好 PPT 后，下一步就是年终汇报，此次直播内容与年终汇报主题完美衔接，符合用户需求。此次直播后半场开始进行带货，售卖"秋叶 PPT 训练营"课程。
- 巧用 AI 设计 PPT 直播。最后的这场主题直播为整场活动收尾，同时也促进了用户转化。

可以看出，前后 4 次主题直播形成了一条严谨且连贯的学习路径，这一设计深度契合了用户在制作 PPT 时的需求，同时也与整体活动主题高度相关。这种对内容细节的精准把控和对用户需求的深刻理解，正是团队专业能力与创新精神的生动体现。

此次活动的成功举办得益于内容端、社群端、研发端、直播端的紧密协作与高效分工。前后近 20 名工作人员齐心协力，共同策划并执行了这场活动。在这个过程中，各个端口充分发挥了自身的专业优势，实现了资源的优化配置与信息的无缝对接。图 8-14 所示为此次活动的整体任务分工图。

图 8-14　整体任务分工图

除了以上几点，此次活动还运用了话题营销、病毒式传播、内容共创、福利吸引等玩法和元素，此处不详细展开。最后的团队复盘数据显示，此次活动共引流 8 000 多名用户进入社群，直接变现和间接转化金额达到 20 万元，这远超当初所定的引流 5 000 名用户、变现10 万元的目标。

四、产品运营案例拆解之瑞幸酱香拿铁

瑞幸是较为知名的咖啡连锁品牌，成立于 2017 年。与星巴克不同，瑞幸定位于高品质、普及化的咖啡，不以咖啡厅为主要消费场景，而是以写字楼、商业区为辐射区域，满足用户即拿即走的快餐式消费需求，且产品价格相对较低。经过近 8 年的市场积累，瑞幸深受年轻用户喜爱。瑞幸官方公布的财报显示，截至 2024 年第三季度，瑞幸全国门店数量达到 21343 家。

瑞幸在产品创新和市场推广方面一直走在前列。酱香拿铁作为瑞幸 2023 年推出的一款现象级爆款产品，通过一系列新媒体运营策略，成功吸引了大量用户关注和购买。下面将从产品引入阶段、成长阶段、成熟阶段和衰退阶段 4 个阶段，详细分析瑞幸酱香拿铁的新媒体运营策略。

1. 产品引入阶段

在产品引入阶段，瑞幸通过一系列精心策划的营销活动成功引起了市场的高度关注。

2023 年 9 月 1 日，瑞幸官方微博开启倒计时，并通过海报文案中的"53 度""贵""半斤"等字眼暗示即将推出的新品，如图 8-15 所示。这极大地勾起了用户的好奇心，大家纷纷在评论区讨论。

在此期间，官方通过悬念海报和"路人剧透"等方式，在微信、微博、抖音、小红书等各大社交媒体平台上进行预热。这些海报设计吸睛、文案有趣，同时引导用户进行评论互动，迅速提升了联名话题的传播度和讨论度。

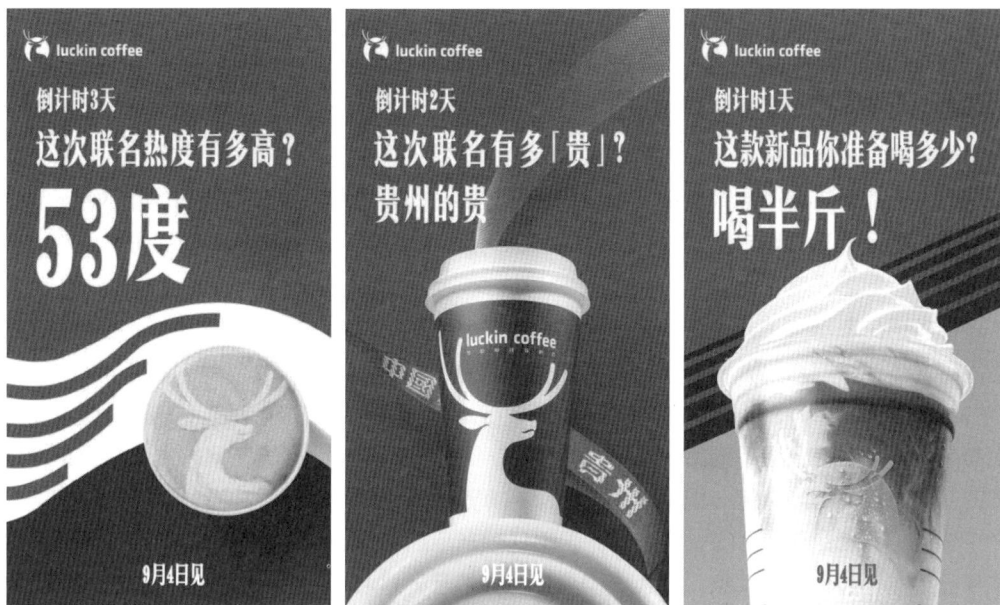

图 8-15　瑞幸的新品倒计时海报

　　从最初对联名品牌的猜测，到后来对联名产品味道的讨论，乃至最后几乎确定联名品牌为茅台后对产品价格的议论，都为酱香拿铁的上市打下了流量基础。可见，产品引入阶段的宣传较为成功。

2. 产品成长阶段

　　9 月 4 日，谜底揭晓，瑞幸与茅台联名推出的酱香拿铁正式在抖音进行首发直播。酱香拿铁产品海报如图 8-16 所示。与此同时，"酱香拿铁"这个话题一度成为当天微博热搜榜的第一名。

图 8-16　酱香拿铁产品海报

　　瑞幸与茅台的联名本身就是一个话题点。作为白酒行业的"顶流"，茅台不论是在终端销售市场还是在股票市场，一直受到消费者和股民的高度关注。因此，当擅长打造爆款的瑞幸遇上自带话题的茅台，几乎已经为自带爆款基因的酱香拿铁预定了一夜爆红的"剧本"。

当天，瑞幸选择将抖音作为酱香拿铁的首发平台。通过领券购买、价格优惠引流等方式，瑞幸在抖音进行了酱香拿铁的专场直播，4小时内交易数据破千万元。这些活动不仅吸引了大量新用户，还为后续的运营打下了坚实的基础。

此外，瑞幸还通过话题营销，引导用户在微博、小红书等社交媒体平台讨论酱香拿铁，通过转发赠品活动和用户生成内容（User Generated Content，UGC）的方式，进一步提高了品牌的曝光度。

很多用户表示："人生中的第一杯茅台是瑞幸给的。"由于话题自带热度，很多网红、达人自发测评这款新品，带动了一轮又一轮的话题传播。

相关数据显示，酱香拿铁上市首日销量突破542万杯，销售额突破1亿元。通过新品上市后3天的持续传播，瑞幸抖音账号新增了100万名粉丝。毫无疑问，瑞幸联合茅台推出的酱香拿铁成为当时近一周最热的现象级爆款产品，也顺势拿下了"金九银十"期间的第一个热点。至此，在随后的一两周内，无论这款产品的口碑、口感如何，"打卡"酱香拿铁本身已经成为一种热点现象，这大大增强了品牌的互动性和用户的参与感。

3. 产品成熟阶段

大约从2023年10月至2024年上半年，酱香拿铁进入产品成熟阶段。由于引入阶段和成长阶段的突出表现，酱香拿铁已经具备了较高的知名度，也有了一定的用户基础。酱香拿铁的成功不仅提升了瑞幸的品牌知名度，也增强了品牌的市场竞争力。通过与茅台的合作，瑞幸成功吸引了大量新用户，并提高了现有用户的忠诚度。

在这一阶段，瑞幸官方仍有营销动作，例如在端午节等时间节点发起话题活动，包括抽奖、名人宣传、产品新包装推广及衍生产品推出等，如图8-17所示。

图8-17　酱香拿铁的后期营销动作

然而，酱香拿铁的销量呈现出先增后减的趋势。产品成熟阶段，酱香拿铁仍维持着一定的销量，但并没有像瑞幸以往的爆款单品（如生椰拿铁、椰云拿铁）那样呈现出后续稳定的回购率。相关数据显示，上市以来，酱香拿铁的销量逐渐减少，特别是在其推出近半年后，销量下降明显。

4. 产品衰退阶段

酱香拿铁的衰退阶段从 2024 年年中开始，其主要表现为销量明显下降。相关新闻显示，从 2024 年年中开始，瑞幸的部分门店经常显示酱香拿铁售罄，这表明该产品正在逐步退出市场。出现这一现象的原因是用户对这款产品的好奇心和尝试欲望降低，再加上其特殊口感并非所有用户都能接受，购买频率低，导致后期销量逐步下降。

与此同时，瑞幸也逐渐减少对酱香拿铁的宣传，但仍在持续推出新品，如黄玫瑰拿铁、小黄油拿铁、腾云美式等，这些新品使得瑞幸仍间歇性地维持着一定热度。

酱香拿铁在衰退阶段的销量下降、市场反馈减少和产品停售，反映了产品生命周期的自然规律，也提示了企业在产品开发和市场营销策略上需要不断创新和调整，以适应市场的变化和用户的需求。

总的来说，尽管酱香拿铁未能为瑞幸带来持久稳定的销售增长，但它带来的品牌影响力和话题度是极其显著的。两大品牌的强强联合，不仅吸引了各自原有的用户群体，还吸引了大量新用户的关注。从"酒咖"品类的创新，到茅台和瑞幸意想不到的跨界联动，都给了用户耳目一新的感觉，这使得酱香拿铁在很长一段时间内成为热门话题。

五、社群运营案例拆解之土豆番茄爸

运营出色的社群有很多，但依靠社群成功变现并持续变现的账号并不多见。土豆番茄爸就是一个典型的社群运营成功案例。

1. 基本信息

土豆番茄爸是一个亲子生活类公众号，账号主人公是一位二胎爸爸。他有一个儿子叫土豆，一个女儿叫番茄，因此他经常被粉丝称为"土豆爸"，其妻子被称为"土豆妈"。

这个公众号的日常内容涵盖家居类生活产品的科普、测评，以及一家四口的日常生活分享。土豆番茄爸的公众号界面如图 8-18 所示。土豆爸严谨又不失幽默的写作风格赢得了众多粉丝的信任和喜爱，公众号运营短短一年，便产出了多篇爆款文章，并且多个单品销售额超过百万元。

随着公众号粉丝数量的增长，土豆爸团队组建了"土豆爸家居分享群"，经常在群中分享好物、开展产品测评、组织产品团购活动。2024 年，土豆爸的社群用户增量超过 1 万人，总用户量超过 10 万人，且保持稳定增长态势，团购的产品也一直保持着较好的口碑，部分产品一开团就被抢购一空。

总的来说，土豆爸团队通过"公众号文章引流—社群内发起团购—团购产品上线小程序—产品质量带动口碑扩散—吸引更多人进入社群"这一路径，促进了流量的良性积累与转化。

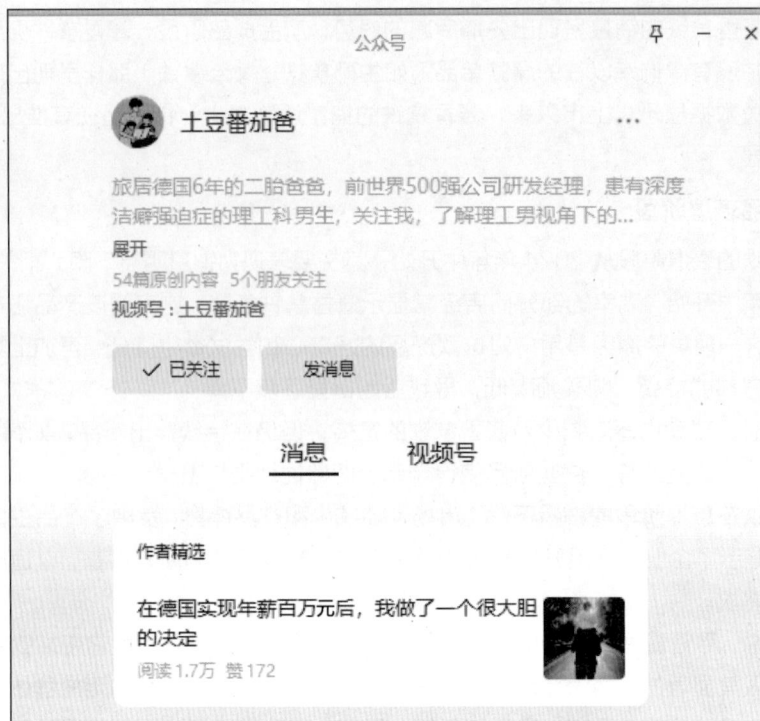

图 8-18　土豆番茄爸的公众号界面

2. 社群特点

土豆爸的社群属于典型的电商型社群。为什么会有源源不断的用户愿意进入土豆爸的社群？为什么大家明知是购物性质的社群却仍待在里面不愿离开？为什么社群中的用户活跃度和氛围都很好？这与社群的以下特点息息相关。

① 高信任度

土豆爸的首批社群用户来源于土豆妈的公众号"李点点"，该公众号运营 10 年有余，积累了大量有一定黏性的用户群体。土豆爸时常协助完成家居类产品的测评和答疑工作，在用户心中建立了专业且靠谱的形象，用户对他有一定的熟悉度。

因此，土豆爸的公众号和社群在建立之初，就已经有一定的种子用户，这些用户对土豆爸有一定的信任基础，再加上后期提供的高质量产品以及有效的社群运营策略，使得土豆爸的社群一直深受用户信任。

② 用户精准，有购买力

土豆爸的公众号文章输出的内容多与家庭相关，所以社群积累的是有一定购买力的精准用户，他们追求高质量产品，对生活品质有一定要求；而土豆爸分享的产品多是经过严格筛选的刚需性优质产品，二者正好形成供需关系，即产品筛选了用户，用户也需要优质产品。因此，愿意长期留在社群中的都是有购买力的精准用户，这也形成了产品和用户的良性循环。

③ KOL 参与互动，有真实感

土豆爸一直活跃在自己的社群里，会不定期分享家庭日常生活、亲子相处花絮、产品测评花絮等内容，还会与社群用户互动，回答用户的一些疑问，如图 8-19 所示。

图 8-19　土豆爸社群中的互动情况

这种 KOL 与用户深度连接的方式使得社群有浓厚的生活氛围感，显得真实且有温度，而不是仅停留在团购的维度上，因此也增强了用户黏性。

3. 社群转化策略

在土豆爸的社群中，团购产品数量不多，经常半个月甚至一个月才上架一款，通常在上架后几分钟就被抢购一空，用户们会催着加库存。其中，产品转化率最高达到了 63%。这样的强黏性、高信任度、强购买力、强转化力与土豆爸团队的以下社群转化策略有关。

① 人设背景+KOL 背书

在土豆爸的公众号文章中，他介绍了自己的背景：理工科毕业，两个孩子的爸爸，前世界 500 强公司研发经理，有国外旅居经验，放弃百万年薪陪妻子回国创业，在产品研发方面有多年经验……这些经历和故事给用户留下了一种严谨、踏实、认真且靠谱的印象，同时也强化了用户对他的信任。这样的人设对于进行产品评测和推荐优质产品而言，无疑是大有裨益的。

正如前文所述，社群内 KOL 参与互动对于增强用户黏性、加深用户信任至关重要。土豆爸不仅在每个社群中保持活跃，还经常分享育儿生活的点滴趣事以及专业的产品分析，内容既贴近生活又充满趣味。这样的互动方式使得用户对他推荐的每一款产品都不由自主地产生信任并愿意尝试。

② 选品严谨+科学测评

土豆爸团队在社群内上架的团购产品都经过了非常严格的筛选，质量有保证。例如，针对某些产品，团队会提前 3 个月甚至一年进行试用，观察其长期效果；针对某些农副产品，团队还会去原产地进行溯源，研究每一个生产环节；还有一些原产地直供的产品，价格更低，具有一定的稀缺性，用户在其他渠道很难买到。这些都使得很多产品一上架就被抢购一空，用户的留存率和二次购买率都较高，用户购买之后就会对土豆爸产生信任感。

此外，每一款产品在上架前，土豆爸团队都会针对产品进行深度测评，从不同渠道购买同类产品，并从产品的基础功能、使用感受、使用效果等维度展现产品的性能，对比多款同类产品，分析其效果差异，最后将测评过程花絮提前发布在群中，如图 8-20 所示。所以，从一定程度上来说，土豆爸也是一个测评类博主，这在一定程度上保证了产品质量。

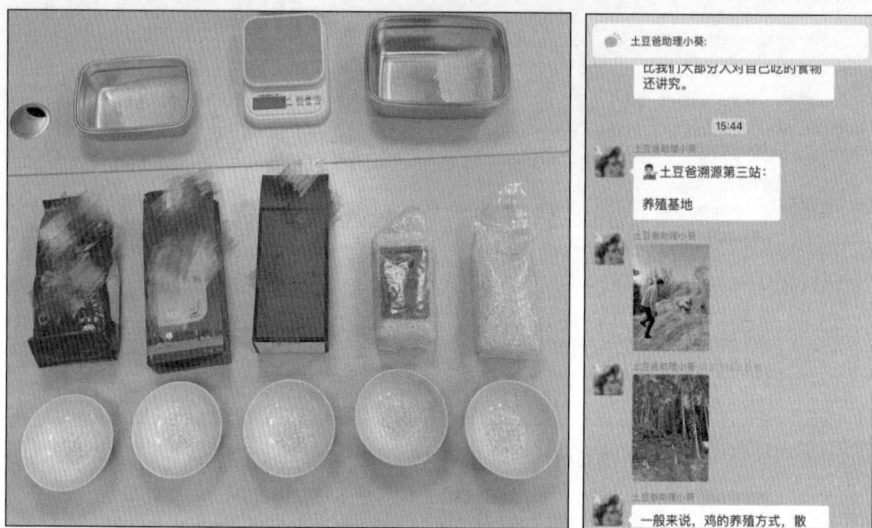

图 8-20 土豆爸的产品测评花絮

③ 深度内容+"饥饿营销"

每一款团购产品推出前，土豆爸团队会在公众号上发布关于产品的深度长文，全方位介绍产品，内容包括产品参数对比、口碑调研、试用反馈、产地溯源等，还会分享一些关于行业的科普知识。所以，其文章不仅是一篇带货文，还能为用户提供行业相关的有用信息。文章结尾会引导用户进入社群抢购。提前发布的花絮加上公众号文章的深度铺垫，使得一款产品上架前就已经被多次曝光。但这些产品一般库存数量有限、上架时间有限，用户基本上只能在特定时间点才能买到，团购期一过产品就下架了。这种"饥饿营销"策略也使得很多产品上架后快速被抢购一空。例如，某款抹布在土豆爸社群上架团购后，3 000份在一分钟内就被抢空。

④ 口碑维护+激励分享

土豆爸社群的产品团购通常持续 1～7 天，若产品提前售罄，则会提前结束团购并下架。在团购期间，运营者会通过自主晒单、好评互动、抽奖送礼等方式鼓励用户分享产品使用心得，土豆爸在社群中的互动内容如图 8-21 所示。

这种激励机制不仅有效增强了用户的分享意愿，还激发了其他用户的购买热情，实现了口碑的快速传播。

此外，对于用户对产品提出的任何疑问或不满，土豆爸团队总是能够迅速响应，以高度负责的态度处理每一份反馈。

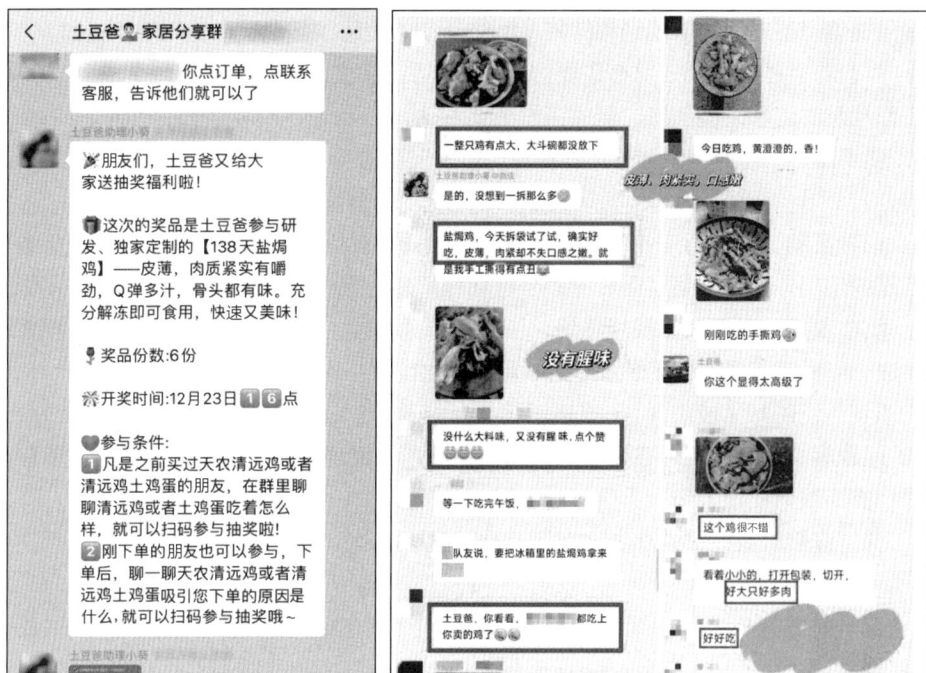

图 8-21　土豆爸社群互动

4. 单品的社群运营 SOP

土豆爸的每款社群团购产品都会遵循严格的社群运营 SOP，如图 8-22 所示，一款产品就是一个完整的项目，每一步都做到了标准化运营。

图 8-22　单品的社群运营 SOP

从图 8-22 中可以看出，关于单品的社群运营 SOP，运营团队做到了以下几点。

- 入群欢迎语。新用户加入社群时，会有专门的欢迎语。这不仅让新用户感到受欢迎，还为他们提供了基本的社群规则和即将开展的活动的信息，帮助他们快速融入社群。

- 群公告。通过群公告发布重要信息，如产品开售时间、购买方式、链接等，确保所有用户都能及时获取关键信息，避免错过重要活动。
- 卖点塑造。社群文案强调产品稀缺、价格实惠等卖点，突出产品效果和"居家必备"等元素。
- 引导互动。注重用户的参与和互动，通过开展试用征集活动，吸引用户积极参与并分享自己的使用体验，增强了用户的参与感和归属感。
- 反馈收集。通过公布最终名单、引导晒单等方式，鼓励用户分享自己的试用体验和反馈，进一步提升了社群的活跃度。鼓励用户提供反馈，这有助于改进产品和服务，同时也让用户感到他们的意见被重视。
- 问题解决。鼓励用户在遇到问题时联系群内小助理，这有助于快速响应和解决用户的问题，提高服务质量。
- 情感连接。通过人性化的文案和互动，建立与社群用户的情感连接，提升用户的忠诚度。
- 危机处理。在产品售罄或其他问题出现时，及时发布安抚文案，解释情况并提供解决方案，减少不满和负面影响。
- 详细规划。土豆爸的社群运营有着详细的规划，从试用征集到公布最终名单，再到引导晒单和加购，每个步骤都有明确的时间节点和动作指导。同时，通过"分批次筛选""引导激发特定需求场景"等备注，可以看出团队在执行过程中有着较强的执行力和灵活性。

以上这些内容都体现了土豆爸团队社群运营工作的专业性和精细化，也使得社群内单次产品团购的效率最大化，一次产品团购能带来多次传播和复购，这也是土豆爸的社群能够保持高效运作并给予用户良好体验的原因。

项目实训：拆解一个典型的内容运营案例

1. 实训背景

在新媒体蓬勃发展的当下，内容运营已成为决定账号成败的关键因素之一。高效的内容运营不仅能够吸引和留住用户，还能有效促进用户转化。为了提升学生的内容运营能力，本实训将通过深入分析一个成功的新媒体账号，从内容定位、内容创作、内容推广及用户互动等多个维度全面拆解其内容运营策略。

2. 实训目的

- 深入理解内容运营在新媒体账号运营中的重要性。
- 学会分析新媒体账号的内容运营策略。
- 掌握内容定位、内容创作、内容推广及用户互动的关键技巧。
- 了解案例拆解的意义，培养取长补短的思维。
- 提升对新媒体账号内容运营策略的理解和应用能力。

3. 实训步骤

分组与选题：确定小组成员，选择研究账号。

初步研究：收集账号的基本信息，初步了解其运营情况。

深入拆解：从内容定位、内容创作、内容推广及用户互动等维度对账号进行深入拆解。

数据收集与分析：利用新榜等数据分析工具收集并分析账号的运营数据。

撰写报告：根据拆解结果和数据分析，撰写内容运营策略拆解报告。

汇报与点评：进行小组汇报，老师点评。

交流与分享：班级同学交流研究心得，分享拆解经验。

4. 实训要求

① 选择案例

全班同学按照 4～6 人一组分成多个小组，每组选出一名组长进行统筹。各组选择一个在新媒体平台上表现突出的账号作为研究对象。账号类型不限，平台不限（可以选择公众号、视频号、抖音、小红书、B 站、知乎、微博等），但账号应具有一定的代表性和可研究性。

② 内容运营策略拆解

选择好账号后，从以下维度进行分析和拆解。

内容定位：分析账号的目标受众、内容主题、风格特色等，探讨其内容定位的成功之处。

内容创作：研究账号的内容创作流程、创意来源、内容形式（如图文、视频、直播等）及内容质量，分析其如何吸引和留住用户。

内容推广：分析账号的内容推广策略，包括发布时间、推广渠道、合作方式等，探讨其如何扩大内容影响力。

用户互动：研究账号的用户互动策略，包括评论回复、用户反馈收集、社群运营等，分析其如何增强用户黏性和提升用户活跃度。

③ 数据收集与分析

利用新榜或其他数据分析工具，收集账号的运营数据，如"涨粉"量、完播率、转化率、评论量等，进行数据分析，以数据支持对内容运营策略的解读。

④ 形成报告

每组根据拆解结果和数据分析，形成一份详细的内容运营策略拆解报告，内容应包括账号概况、内容运营策略分析、数据表现及结论等。

⑤ 汇报与点评

由组长代表小组进行汇报，展示报告，并接受老师的点评。老师根据报告的质量、分析的深度及结论的合理性等，评选出 1～2 个表现最佳的小组。

⑥ 交流与分享

班级同学自行分享自己的研究过程和发现，探讨不同账号内容运营策略的异同及其对自己未来从事新媒体运营工作的启示。

项目总结

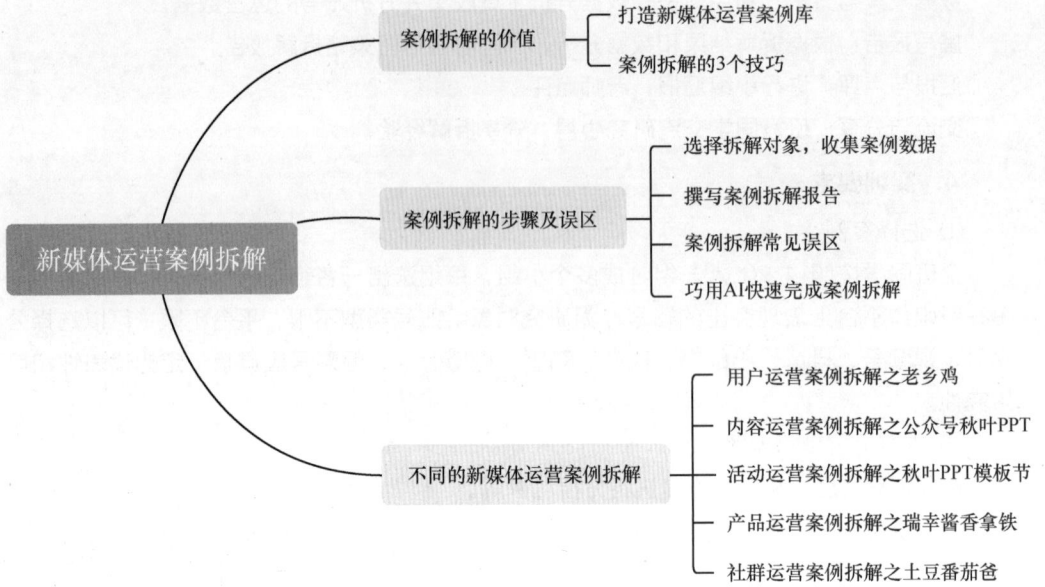

新媒体运营案例拆解
- 案例拆解的价值
  - 打造新媒体运营案例库
  - 案例拆解的3个技巧
- 案例拆解的步骤及误区
  - 选择拆解对象，收集案例数据
  - 撰写案例拆解报告
  - 案例拆解常见误区
  - 巧用AI快速完成案例拆解
- 不同的新媒体运营案例拆解
  - 用户运营案例拆解之老乡鸡
  - 内容运营案例拆解之公众号秋叶PPT
  - 活动运营案例拆解之秋叶PPT模板节
  - 产品运营案例拆解之瑞幸酱香拿铁
  - 社群运营案例拆解之土豆番茄爸